明治日本の創造と選択

相沢　邦衛

目次

まえがき

日本の本州最西端に位置する一地方政権に過ぎない長州藩が、いかにして三〇〇年近い強固な支配体制を築いていた徳川幕府を打倒することができたか、について同人誌「文学と歴史」に「萩紀行」として連載してきた。

そのなかで、長州は薩摩とともに全国を統一する過程で、ドイツ諸邦の最北端に位置するプロイセンと何となく相似点があるような感じがすると記載した。長州藩もプロイセンも辺境の一地方国家でありながら国を富ませ、軍備を充実強固にし、苦難を重ねながら遂には時の流れに乗り、天下を制覇した。長州藩は、まさに明治政府が意図した「富国強兵」政策の先駆けであった。

その長州及び薩摩藩が樹立した新生国家明治日本に、政治、軍事、経済、医学、工学などかなりの分野で特別大きな影響を与えたのはドイツ帝国であることは間違いない。

ところが実際には、ドイツが日本に影響を与えはじめた時期は、欧米列強の中においては、遙かに遅いのである。

その遅れて日本と交流をはじめたドイツが、明治日本に最も大きな影響を及ぼすこととなった、その要因は何か。また、その功罪はどのようであったか。

ドイツよりも遙かに早く、日本の近代化に影響を与えた国といえばイギリスである。後述するように、日本とイギリスの関係は徳川幕府開設時に遡る。徳川家康に重用された三浦按針である。その後も非公式ではあるが、日英の交渉は鎖国体制下のなかで、漂流民保護というかたちで細々と続いていた。

幕末、倒幕勢力の原動力となった長州、薩摩と最も密接な関係にあったのはイギリスであり、駐日公使オールコック、その後任パークスは、終始列強外交団をリードして、幕末、明治初期の日本外交に大きな足跡を残した。

長い間鎖国を続けてきた日本に開国を強制したのはアメリカであり、徳川幕府が最初に政治、軍事面で模範とし、頼りにしたのはフランスであった。

だが、それら諸国と比較にならぬくらい、その後の日本の政治制度、軍事、経済、科学技術、医学に大きな影響力をもたらし、日本の進路を決定づけたのは、イギリスであり、ドイツである。その結果、特にドイツの政治制度、軍制を模範とし過ぎた日本は軍国主義への途を歩み、太平洋戦争という無謀な戦争を惹起した。

歴史に「もし」という言葉はないが、明治日本があれほどドイツに傾倒せず、日英同盟を存続させ、議会制民主主義の国イギリスの制度も採用していたなら、その後日本の進路はどのような方向に進んでいったか。そこに筆者は非常な興味を持った。

そこで本書では、最初イギリスが日本に及ぼした影響。そして岩倉米欧視察団が訪問するまで日本とは接点を持たなかったドイツが、急速に、かつ、強烈に日本に与えた影響とその功罪に焦点をあてて考えてみたいと思う。また、一九世紀後半の西欧列強の帝国主義全盛期における植民地獲得競争の渦中ににおいて、東南、東アジア諸国が植民地化される中にあって後進国日本が如何にして独立を保持しえることができたか、についても検証してみたいと考えている。

なお、本書を出版するにあたっては、随分お世話になった今川徳三先生、叢文社会長の伊藤太文氏には厚く感謝申し上げる次第である。

一　日本とヨーロッパ諸国との出会い

最初に日本にヨーロッパ文明を運んできたのは、一五世紀から海外進出に野望を燃やしたスペイン、ポルトガルである。これら南欧諸国は、熱心な布教活動を通じて日本にも大きな影響を及ぼしたが、一七世紀に入ると、イギリス、フランス、オランダなど西欧諸国に軍事面でも貿易面でも敗れ、世界の覇権争いから脱落していった。

幕末、鎖国主義を墨守する日本に開国を迫り、海外に門戸を開放させたのは一八五三年（嘉永六年）六月三日、アメリカのペリーが四隻の艦隊を率いて浦賀沖に現れてからである。ペリーは来日前、それまでイギリス、ロシアなど西欧諸国が日本に交易を迫りながら、祖法を理由に通商を拒否された事例を丹念に調べ上げ、日本の国情及び日本人の政情をも十分に研究してから来航したという。

その結果、日本と通商を結ぶには平穏に行おうとしても先延ばしされるだけであると気がついた。ではその反対をいったらどうか。それが日本を震撼させた、武力を背景にした威圧外交である。そしてこの作戦は成功した。以後、南北戦争が始まるまでは開国通商問題はアメリカ主導で外交交渉が行われていた。

それより以前からロシアは樺太から蝦夷地にかけて出没していたし、プチャーチンは長崎にまで来航して国交を迫っている。

日本とロシアとの国土争いに関わる歴史は古く、かつ、今日まで北方四島問題として尾を引いている。一八〇〇年代初頭には大黒屋光太夫や高田屋嘉平らがロシアに連行されるなど、ロシアとの関係は深い。

これ以後も、ロシアはエトロフ島までの千島列島と、樺太全土をロシア領とする要求を突き付けてきた。これも間宮林蔵らが樺太探査をしながらも、鎖国政策をとっていた幕府があやふやな態度をとり続け、国境線が判然としなかったためである。（それでも幕府というか日本はこの頃から漠然とロシアに対し、恐怖感を抱いていた。その詳細については岩倉使節団の項でふれる）

その後、数次の協議を重ね、一八五三年（嘉永七年）一二月二一日、千島の国境はエトロフ島までを日本、以北はロシアとし、樺太は境界を設けず、従来通り双方が自由に立ち入ることができることとした。日露和親条約の締結である。

米露とはこのような経過があったが、幕末から明治初期にかけて日本の政治、軍事、経済に大きな影響力を持っていたのは、最初に開港を迫ったアメリカでもロシアでもなく、その頃世界制覇の野望を遂行中のイギリス、フランスであった。

幕府は早い時期からフランスと友好関係にあり、一橋慶喜はフランスから軍事顧問団を招いて、日本最初のフランス式歩兵部隊の創設を行っている。また、フランス公使ロッシュは幕府に軍事費貸付を申し出て、倒幕勢力との対決を促してもいる。（幸い、勝海州の進言によりこれを拒絶して事なきを得、外国勢力の介入を阻むことができ、日本は植民地化を免れることができた）

イギリスは世界最強の海軍力をもって攘夷戦争に打って出た薩摩を打ち破り、四カ国連合艦隊を主導し、長州藩を完膚なきまでうち破り、その近代科学力の凄まじさを見せつけ、薩長を開国論へと導いていった。

倒幕の原動力となった薩長に最も大きな影響を与えてきたのはイギリスであり、薩長を中心とする明治政府にもイギリスは影響力を持っていた。

明治政府が樹立されてからも、最初は政治制度、経済システムにおいてもイギリスに学ぼうとする節がみられた。それが逆転してドイツ流統治機構、ドイツ流陸軍の軍制に転換していったのは欧米へ岩倉使節団が派遣されてつぶさにイギリス、フランス、アメリカの国情をみてからである。

その後も海軍についてはイギリス流軍制、戦略、艦隊運動を取り入れ、親密な関係を築いていった。陸軍は幕府の伝統を引き継ぎ、ドイツ式軍制に切り替わって以後もフランス式を一部併用していたが、フランスの影響力は薄くなっていった。

政治制度については、ドイツ式立憲君主制模倣の方向は、日露戦争を前にして日英関係が親密化し、(この頃ドイツはロシアと親密な関係にあったが、) 日英同盟が成立してからも政治・軍事制度は変わることはなかった。

歴史を遡ると、三〇〇年近く続いた江戸幕府に最大の影響力を保持していたのは西欧諸国では唯一オランダのみであった。それはオランダが鎖国政策を取っていた徳川政権に、欧米では唯一交易を許されていたからである。

日本は鎖国政策を取っていた徳川幕藩体制下においてはオランダを通じてのみ、海外の情報を知り得ることができたのであり、外国語といえば蘭語であった。

だが、オランダは大国ではなかったゆえに、非常に謙虚であり、医学知識は教えることはあっても、政治制度、軍事技術、宗教などについて日本に介入することはしなかった。

また、経済面においても細々とした交易に甘んじていて、ヨーロッパの経済システムを日本に押しつけるようなことはしなかった。

しかし、そうした反面、このような政策をとったがゆえに、オランダは幕府と争うこともなく、長いこと交易権を保持できたともいえる。明治新政府成立後、小国オランダは英、仏、独、米など強国に押されて日本に対する影響力を失っていく。

徳川幕府にとって幸いしたのは、鎖国政策などという時代錯誤の政策が長いこと維持できたことで、長期間政権を守れたのである。そしてそれを可能としたのは、日本が余りにも欧米諸国から遠隔地にあったことにある。

海外侵略の先兵であった南欧のスペイン、ポルトガルは一五世紀後半の大航海時代を幕開けに南米諸国から、フイリッピンまで侵略の矛先を向けたところで、ヨーロッパ列強の覇権争いに敗れ去っていった。それに代わって勢力を伸張しつつあった西欧のイギリス、フランスなど列強がアフリカ、そしてインド、東南アジアまで侵略の矛先をのばしつつあった。それでもこの頃の航海技術では、大規模な軍事力を送るにはこの辺までが限界点であったと思われる。

それに新興国アメリカは一七七六年の独立戦争でイギリスから独立を勝ち取り、未だ国内開発で精一杯であり、盛んに西部開拓に努力を傾注している最中であった。

民族の特性として侵略性を有していた帝政ロシアも、シベリア進出に懸命であったし、このことについて清国ともことを構えている最中であった。また、清国に利権を有するイギリスに牽制されていたことも幸いし、この時点では領海侵犯をおこないつつも、日本にまで進出する余力は持ち合わせていなかった。

ドイツに至っては、神聖ローマ帝国とは名ばかりで、三〇有余の諸邦、都市国家に分裂していて、最強のプロイセンでさえヨーロッパの後進国に過ぎない存在であった。

その分裂国家ドイツを統一したのがプロイセンである。だが、同じ後進国といっても鎖国により外敵の侵入を受けることなく、三〇〇年近い泰平の世を謳歌していた日本と、ロシア、フランス、オーストリアという大国に挟まれて、常に侵略の脅威に怯え、悪戦苦闘していたプロイセンとでは近世以降、科学技術、特に軍事面で大きな差異が生じた。

特に、プロイセンはその地形上中世期から徹底した軍事国家であった。小国プロイセンが生き抜いていくにはそうするよりほかに途がなかったのである。

そのプロイセン・ドイツがオランダ、アメリカ、イギリス、フランス、ロシアより遙かに遅れて日本と接触しながら、新生明治日本に最大の影響を与えることになるのである。

その原因はなにか。そしてその影響は、政治、経済、医学、化学等各分野にわたるが、ここでは主に軍事制度、政治面に焦点をしぼって考究してみたいと思う。

二　帝国主義時代への突入

世界情勢の変化と西欧諸国の興隆

国家の統治形態は時代によって大きく異なるから、いちがいにどの政治形態が良いとはいえない。その時代の流れに敏感に適応した政治形態を取る国が最も栄えるのである。

だからこそ古代、文明が発展したエジプト、メソポタミア、インドなどは国家形態が時代環境についてゆけず衰亡した。（例外として、同じ古代文明発祥の地、中国は辺境民族の侵入を受けながらも、それら異民族を同化しつつ長いこと発展を続けた。）

次の時代の覇者ギリシア、ペルシャ、ローマとて同様に、繁栄を極めたのち停滞期に入っている。その頃は未開の野蛮国としてローマの支配下にあったイギリス、フランス、ドイツなどが近世以降時代環境の変化に合わせ、組織力を活かし、発展を遂げていったのである。

近世以降をみれば、西ヨーロッパは封建制社会からいち早く脱皮し、群雄割拠の貴族制政治体制から、国王を中心とした中央集権体制たる絶対主義国家へと変貌を遂げていった。

さらにはそれを発展させた形での官僚統治の帝国主義政治体制を確立し、中央統制によって国家としての機能性、効率性を追求していった。西欧諸国が発展を遂げる端緒となった要因は、科学技術面でイギリスを先頭に産業革命に成功したことによる。

その結果、強力な産業力、金融力を背景に軍事力を強化し、それを武器に中央集権化が進んでいないアジア、アフリカ、中南米諸国を侵略し、植民地化を推進していった。

一七世紀から一九世紀にかけて世界の情勢が著しく変化を遂げていったこの間、日本は徳川幕藩体制下で、依然としてヨーロッパの中世並みの封建制度による政治体制を固守していたのである。

その結果、中世までは政治形態、産業、軍事においてヨーロッパ諸国とさほど変わらなかった日本が、海外諸国と切磋琢磨することを怠った結果、中央集権制と、お互いの激しい競争による効率化、迅速化、合理化を図った西欧諸国に大きく水をあけられることとなった。

同じヨーロッパにおいても、一五世紀から一八世紀の間に大きな勢力の変動が行われた。

早くから武力を背景に南米諸国、東南アジアの一部を植民地化し、激しい富の収奪を行って国富を富ませてきた南欧の雄、スペイン、ポルトガルは組織力欠如と、国家形態の旧式化により脱落した。代わってイギリス、フランス、オーストリアが組織力と産業革命の成功により勃興したことは前述した通りである。

一方、長いこと受けていた蒙古民族支配のくびきからようやく脱し、遅れて強大化した帝政ロシアは、東欧諸国への南下政策を取るとともに東はシベリア方面にまで進出し始めた。

かっては大国であり、プロイセンを支配下に置いていたポーランド、ハンガリーなど東欧諸国は西欧列強及びロシアの覇権に屈し、弱体化の一途を辿るのである。

この時点から世界はアメリカの勃興まで西欧諸国の一人勝ちとなり、イギリス、フランス、少し遅れてドイツなどは海外の植民地から収奪した富の蓄積により、強大な帝国を形成していく。

この頃から西欧諸国には革命による共和制、もしくは議会制民主主義の萌芽がみられるようになり、国民に自由主義思想が芽生えた。また貴族に替わり、産業、金融資本家という新しい政治勢力が誕生するが、それらはいずれも植民地とした諸国の犠牲の上に成り立っていたからにほかならない。

西欧諸国及び新興国アメリカは、時代の趨勢にあった政治体制・統治機構をいちはやく取り入れたことにより、世界を制覇することができたのである。そしてこれら諸国は帝国主義戦争を見事に勝ち抜きながら時代の要請にあわせ、中央集権制度たる立憲君主制から、議会制民主主義制度へと転換していった。

その一例を、「世界の七つの海を支配する」といわれ、西欧列強のなかでも最強の位置にあったイギリスにとってみると、一八世紀初頭には既に産業革命の主要分野である繊維、鉄、エネルギー等で一頭地を抜いていた。それを推進するため国家を挙げて鉄道網を構築し、輸送システムで効率良い生産体系を整備していったのである。

その結果、機械化は農業労働力に余剰を生みだし、農奴は早い時期に解放され、囲い込み運動は農民の労働効率性を向上させ、生産品は都市住民を潤すこととなった。また、国を挙げて建設にとりかかった運河と道路網の発達は農工業製品を市場に結びつけ、富の蓄積を増大させることとなったのである。

そして、豊富な資金と高度な科学力は軍事力を強化させ、イギリスは工業製品の販路を近代化された軍事力をバックに世界に拡大していった。果てはそれがアジア、アフリカ、インド、オーストラリアを植民地化させる原動力になったのである。

一方、国内においてはジエントルマンと呼ばれる新興資本家階級の台頭を促し、知識階層が形成され、立憲君主制でありながら独裁政治ではなく、新しい時代の先駆けとなる議会制民主主義国家を形成することにつながっていった。

このことは個人の自由権と自由財産権を保証し、安定した政治体制は選挙権制度発足につながり、社会、市民に対する政府の介入を制限することにつながっていく。これがイギリスが一七五〇年代から、一九〇〇年代にまで一五〇年間にも及ぶ世界の覇者として君臨させる要因となっていったのである。

それに比べ、遅れて統一国家となったドイツ、日本は立憲君主制、過度な中央集権制度に頼らざるを得なかった。その政治形態は効率性が高く、途中までは近代化に大きな成果を挙げることができた。ところが、時代の変化に合った転換ができなかったため、二〇世紀に入るとすでに時代遅れとなっていた全体主義のシステムを引きずる結果となった。

その結果、日本とドイツは同じような領土拡張政策をとりながら、いち早く民主主義に転換した西欧諸国から反撥を招き、鋭く対決することになるのである。

日本が欧米諸国の植民地化を免れた要因

徳川幕府が鎖国により、泰平の世を謳歌している頃、世界の情勢は激動の時代を迎えていた。かって世界を席巻したスペイン、ポルトガル、オランダは勢力を失い、代わって西欧諸国が資本と武力を背景に激しい植民地獲得競争に乗り出していったが、一八〇〇年代に入ると日本周辺にも外国船の来航が頻繁に見られるようになってきた。

そのはじめは一八三七年（天保八年）七月、アメリカの実業家モリソンの経営する商船モリソン号である。同船は日本の漂流民七人を送還して、これを機会に日本との通商を得ようと試みた。驚いた浦賀警備に従事していた川越、小田原藩は砲火を浴びせ、モリソン号は漂流民を引き渡せないまま、退去した。

ついで一八四五年（弘化二年）四月一七日、アメリカ船マッハッタン号は漂流民二二人を乗せて江戸湾に接近しようとしたが、幕府は砲撃を加えず漂流民保護に謝意を伝え、薪水や食糧を送って退去させた。翌、四六年五月にも米艦は来航し、大統領ジエームスの国書を渡そうと試みたが、幕府は国法を楯に要求を拒絶し、同艦隊は帰国した。

その後も数回にわたり、アメリカ艦隊は来航したが、幕府の拒絶にあい通商の意図を達することはできなかった。

このように、アメリカ艦隊が執拗に交易を要求していたのは、遠く太平洋を渡航してくるアメリカにとって、日本が新たなアジア貿易の中継地として薪水や食糧の補給に欠かせない位置にあったからである。

アメリカは数度にわたる交渉の失敗に鑑みて、日本の国情、幕府の体制、対応方法等を研究し尽くし、ペリーを提督に任じ、日本に国交を開かせるには砲艦による威圧外交よりほかにないと判断したのである。そしてアメリカは一八五三年のペリー来航を経て、翌五四年三月三一日、日米和親条約を結び、日本の鎖国政策は終焉の時を迎えるのであるが、その後、アメリカは南北戦争勃発により、対外交渉からの後退を余儀なくされる。

ついでイギリスにおいては一八五四年（嘉永七年）九月七日、艦隊三隻を率いてスターリング卿が長崎に入港した。スターリングは折から交戦中であったクリミア戦争で、「ロシア極東艦隊を攻撃するため、日本近海を遊弋し、日本の港に入港することもあるが、承認願いたい」旨の依頼を幕府におこなった。

幕府はこれに対し、一〇月四日、長崎で奉行水野筑後守と面接させたが、日本近海で戦争するための補給等援助についてはは請け合いかねる、とやんわり拒否した。

以後もイギリスは強硬で、一〇月一四日第三回の会談でスターリングと水野筑後守の間で日英和親条約が締結された。（日本とイギリス　日英交流の四〇〇年　宮永孝著）

その条約の概要は七箇条に及ぶ。その内容は、長崎、函館の開港と船舶の修理、薪水の補給。暴風雨時の日本港湾への寄港を認めること。イギリス人は原則としては日本の法律に従うが、犯罪が起きた場合はイギリスにおいて罰することとする。この批准は一二ヶ月以内に行われなければならないなどである。

一八五五年（安政二年）九月三日、イギリス艦隊提督シーモー卿率いる二艦が長崎に入港し、アメリカ、ロシアと結んだ条約と同様の内容を要求したが、この時は通商条約を結ぶことができずに帰国した。

だが、イギリス政府はこれを不服とし、一八五八年（安政五年）七月二一日、エンギル卿を派遣し、アメリカ総領事ハリスと締結したと同様の通商条約を締結せよと威嚇した。やむなく幕府はアメリカと同じ条約をイギリス、オランダ、ロシア、フランスと締結することになるのである。

それ以前に、ロシアもゴローニン船長が日本近海に来航して難破により幕府に捕獲され、ロシア艦隊は艦長プチャーチンを対馬付近に遊弋させ、対馬をロシア租借地として要求するなど、一七〇〇年代後半から一八〇〇年代にかけてロシアは樺太、千島及び日本近海に出没して盛んに外圧を加えてきた。

ところが幸いなことに、アメリカは南北戦争で、イギリス、フランスはロシアとのクリミア戦争及び清国との戦争で海軍力を割かねばならず、日本にまで侵略の手を伸ばす余力はなかったのである。一八五五年六月上旬、イギリス艦隊スターリング艦長はフランスと連合艦隊を組み、ロシア艦隊を掃討すべく、カムチャッカ半島に到着し、要塞や砲台を攻撃してこれを破壊した。これより先、英仏連合艦隊はロシア人二七八人と日本人密航者が乗船したロシア船クレタ号を拿捕し、全員を捕獲した。

このように、ロシアとイギリスの間は険悪で、ロシアはプチャーチンを遣日使節として長崎に派遣し、日本に和親条約の締結を迫るが、そこでは埒があかないと伊豆へ向かう途中、地震により旗艦ディアナ号は大破し、沈没した。乗組員五〇〇余人は幕府の監視下におかれ、幕府はロシア人の指導を受けさせながら江戸近辺から集めた大工に洋式船舶の建造を行わせた。戸田での洋式船建造は日本人に外来船建造の技術と知識を覚えさせる結果となった。また、民族性向として南下への野望が強いロシアの対馬租借問題は、イギリスがロシアが日本への利権を獲得することに大きな危惧を感じて、世界随一の艦隊をもって威嚇したから、ロシアはやむなく対馬から手を引かざるを得なかった。

フランスも同様、この頃はイギリスと連合して清国の植民地化を狙って大陸で紛争を続けていたから、日本にまで軍事進出する余力は残っていなかった。

このような国際情勢の結果、日本は西欧列強から遠隔地であったことも幸いして、東南アジア諸国及び清国のように植民地化されることを免れることができたのである。

三　雄藩連合構想と中央集権国家構想との闘争

公武合体論

それでは日本が清国のように西欧列強の植民地化を免れ、かつ、近代国家樹立を果たすことが可能となったのはなぜか。それをこれから究明していきたいと考えるが、その最大の要因は、中途半端な雄藩連合といった、幕府と西南雄藩を中心とした勢力の連合政権ではなく、西欧諸国の模倣とはいえ、中央集権制度を採り入れたことにあると考える。

そこで以下、幕末の国内状況はどのような状況にあったかを見ておきたいと思う。

幕末、英明を謳われた第一五代将軍徳川慶喜は最早、ほころび始めた徳川政権では日本国を統治することは困難とみて、薩摩、越前、土佐、肥前などによる雄藩連合政権を結成し、徳川家がその盟主として日本国を統治する構想を思い描いていた。勿論、自分が雄藩連合政権の首班として国体をリードする腹であった。

この構想には薩摩藩主の父で、藩政の実権を握る島津久光、越前藩主松平春獄、土佐藩主山内容堂など公武合体を画策する大名も賛同していた。

特に島津久光は、自らも幕政に参画する構想を持って、一八六三年（文久三年）一〇月一五日、朝廷に対し意見書を提出。「久光は意見書で『列藩』の『天下の公儀』による『永世不朽の御基本』を樹立すべきである。」、と説いている。いわゆる「公武合体論」である。

（政事家　大久保利通　勝田政治著　雄藩会議への期待）

その内容は、政権運営の幕府独占ではなく、天皇の下に幕府と諸藩が一体化することであり、有力諸藩にも国政へ参加させ、ともに政権を担う、という構想であった。

保守主義の久光は王政復古や攘夷には反対であり、国政は鎌倉幕府開設以来、幕府に委任されており、外国からの侵略に対抗する上からも内乱は避けねばならず、そのためにも「国内一致体制を樹立すべきである」、としていた。明らかに幕府寄りであり、この点でも将軍後見職一橋慶喜と同じ考えで行動していたのである。

同年一二月三〇日、将軍後見職一橋慶喜、京都守護職松平容保、越前藩主松平春獄（慶永）、土佐藩主山内豊信、（容堂）宇和島藩主伊達宗城、翌年一月一三日には無冠ではあるが久光を加えた六名が参与に任命され、政治に参加する資格が与えられたのである。

この頃、幕府は慶喜を中心とする参与派と、保守派を代表とする幕閣とで政権運営を巡って対立を深めるなど、尊攘派に対して一枚岩ではなかったのである。

参与会議は攘夷論を廃し、長州藩を処分することに重点が置かれていた。ところがその参与会議も早くも分裂状態に陥った。それは実際には久光の意図が天皇を掌中に握り、自分が実権を握る作戦であったからである。それを見抜いた慶喜は、参与会議の解体を画策し、久光を追い落とし、参与会議は解散となる。

一方、慶喜の幕府権力強化案というプランがあったと、北大名誉教授の田中彰氏は言う。側近の西周の政権構想である。この案は一八六七年（慶応三年）一一月に構想したとされる。

「プランの頂点には、『大君』がいる。この『大君』の座に徳川慶喜が就き、中央政府となるのである。『大君』の下には行政府として『公府』が大阪に置かれ、「公府」は五つ（将来は六つ）の「事務府」つまり省庁を管轄するのである。また、「大君」は「議政院」（立法府）をその下に置く。「議政院」は「上院」と「下院」からなる。「上院」には一万石以上の大名がメンバーとなる。「下院」は各藩からの有能な藩士が一名づつ参加する構想である。地方は従来通りの諸藩領として支配される。

大坂は経済の中心であり、拠点であったから、そこに政権を置くことは現状を踏まえた現実味があり、かつ、最も強力な政府構想といえるだろう。対する天皇は山城国に封じこめられ実権はない。——中略——それは明らかに「大君」の座に慶喜を据える「大君」制構想であった。徳川統一国家の構想と言い換えてもよい。

慶喜には、仮にいったんは「大政奉還」しても「奉還」を受けた朝廷がそれを持て余まし、もう一度幕府側に返すだろうという読みがあったのだ。（私の明治維新　徳川慶喜のプラン　大君の下に行政、立法府　田中彰　朝日新聞）

——中略——これまでの明治維新史は、主として西南雄藩側を中心に書かれていたから、この徳川「大君」制国家構想への道筋を欠落させていたのだ。敗者の側から書かれた歴史、例えば旧幕臣福地源一郎（桜痴）の「幕末政治家」「幕府衰亡論」などには、幕府の衰退は歴史の必然であったにしても、その幕府は勝者の側からの歴史がいうような「衆愚の府」ではなく、西南雄藩に匹敵する多才な人材を有していたのだと強調しているのである。」（同前掲）、以上が田中氏の意見であるが、確かに田中氏が言うように中国の正史をみても、日本の戦史等をみても、勝者側に都合の良いことが書かれているから、それが史実であるとは断言できない。

それは事実だとしても、なおかつ筆者には徳川慶喜の「雄藩連合構想」が最強の統治機構になったとはとても考えられない。幕府政治体制自体に制度疲労が起きていたからである。それを考えると「雄藩連合構想」では、幕府の機構を一部手直しをしたに過ぎない組織の取り繕いに終わってしまうからである。西欧列強という中央集権性の近代国家に立ち向かっていくには、まったく新しい政治の仕組み、統治機構を確立しなければ新国家建設はできなかったと考える。

幕府には福地が言うように、確かに有能な人材がいたことは事実である。それは岩倉使節団の構成メンバーをみれば証明される。

だが、実際にはこれら有能といわれる人々がいた幕府は国内政治でも、対外交折衝でも対応ができず、機能不全に陥っていたのが現実であった。個々の幕臣の有能、無能にかかわらず、幕府政治体制自体が制度疲労を起こしていたのである。歴史には流れがあり、これに逆らっても大きな成功はおぼつかない。

この意味で、武力討伐による政治の一新、旧体制打破は日本が近代国家建設に成功した要因といえるのではないか。

ところで今まで雄藩連合か、中央集権国家による新国家建設のいずれがよかったのか、について論じてきたが、現実に立ち返ってみると、この時点から慶喜の政権に対する方向転換が始まる。慶喜は将軍後見職を辞し、京阪地区の軍事指揮権を有する禁裏守衛総督に就任、京阪地区を幕府軍で固め、雄藩を政権から遠ざけようとする動きに出た。

この頃、はっきりと反幕府、尊皇攘夷を唱えていたのは長州藩のみであり、一八六四年（元治元年）七月一九日、長州藩過激派は京都御所に進撃したが、御所を警護する会津、薩摩を中心とする諸藩に敗れ、長州に敗走した。禁門の変である。

このとき、禁裏守衛総督として禁門の変を鎮圧したのが一橋慶喜であり、慶喜の朝廷に対する発言力は強まり、長州征討論が急激に高まっていく。

長州藩はこの時期、攘夷決行により損害を受けたイギリス、フランス、アメリカ、オランダ四カ国連合艦隊の報復攻撃を受け、砲台を破壊され、最大のピンチを迎えていた。

だが、幕臣勝海舟の忠告を入れた征長総督府参謀の薩摩の西郷隆盛は「征長論」を抑え、厭戦気分にあった諸藩もこれに従った。一方、長州藩も外国の強大な軍事力と科学力を知り、攘夷の無謀さを悟って開国論へと転換していく。

ここに、公武合体から武力倒幕路線へと歴史の波は大きく回転していくのである。

公武合体論から武力倒幕路線へ

一八六五年（慶応元年）二月、幕府は征討を断念はしたが、なんとか長州藩を処分しようと長州藩主父子と三条実美らの江戸召喚を迫ったが、倒幕派（正義派）が政権を握った長州藩では、のらりくらりと言い訳をして一向に召喚には応じない。

また、この頃になると、幕府では政権を握る本条、阿部ら老中と慶喜・会津・桑名派との確執が強まり、相互に牽制しあうなど内部分裂が生じ、幕府の権威は地に落ちつつあった。

それは尊皇攘夷派水戸藩の系譜を引く慶喜を、老中ら幕府首脳ははじめから信用していなかったからである。

この様子を鋭い目で観察していた薩摩の西郷、大久保等ははっきりと幕府を見限り、逡巡する久光を懐柔するなどして藩論を倒幕路線に導いていった。

長州藩では藩政権を握った高杉晋作、桂小五郎らが「大割拠主義」を唱え、幕府に恭順の意をあらわす様子もない。そこで幕府は長州再征のため、五月一六日、将軍が進発する旨を発したが、すでに各藩には厭戦気分が漲るなど、以前と状況がはっきりと変わっていた。すでに幕府には諸藩を統治する力はなかったのである。

この様子を『前掲の政事家大久保利通』から引用すると、大久保は「長州再征は将軍家の私闘であるから、有志者は勿論匹夫まで反対している有様である。幕府は将軍自ら大阪まで進発すれば、諸藩はすべて饗応するであろうと思っていたが、現実は四国、九州地方の諸藩は鳴りを潜め、天下の人心は再征反対であり、とても実行することは無理である。再征の最強硬論者は会津藩であり、『幕威』を拡張する意図からたとえ『朝威』が立たなくとも『幕威』を押し立てようとしている。これに同調しているのが慶喜と『尊幕』の会津藩である。国内の動乱を誘発し、莫大な軍事費を浪費し、『名』にそむき『義』にもとり『天』や『人事』から離れて勝利した戦争は、古今東西に例がない。」

という手紙を薩摩の英国留学生団の新納刑部等に送っている。

いささか引用が長くなったが、この時点では既に肥前、越前、土佐、宇和島など各藩は長州に味方するところまではいかなくとも、好意を寄せており、再征には反対の立場をとっていたか、少なくとも戦意はなかったと言ってよい。

薩摩藩でも大久保らはこのような西国諸藩の気運を察知し、幕府から離反する方向に進み始めたのである。

そしてこの頃、倒幕派、佐幕派を代表する大久保、勝海舟らが賢明であったのは、何よりも内乱による外国からの干渉を恐れ、「幕府」とか「藩」という垣根を越えて、「日本」という国家意識を明確に持っていたことである。

これは後述するが、徳川慶喜も卑怯な振舞いといわれながらも、鳥羽、伏見の変に際し、大阪城単独脱出を図るなど、内乱により付け入ろうとする、西欧列強からの日本の植民地化を避けようと努めたと考えられなくもない。

(最も、大久保利通、徳川慶喜ともに、条約勅許問題も絡め、一八六五年から六九年までの数年間は利通も雄藩会議論を持ち出したり、慶喜も強硬論を吐いたりして双方とも宮廷工作の駆け引きに終始し、一貫した政策を取っているわけではない。)

ここで注意しなければならないことは、幕府にはフランスが肩入れを行い、公使ロッシュは利権を得るため、種々の画策を始めていた。

一方、坂本竜馬の仲介で同盟を結び開国路線に転じた薩長には、薩英戦争、長州の攘夷戦争以来イギリスが強力な梃子入れを行っていたから、下手をすると列強各国に介入され、清国のように半植民地化される恐れも十分にあったのである。

一八六六年（慶応二年）一月二一日、薩摩藩から小松帯刀、西郷隆盛、長州藩から木戸孝允が会同し、坂本竜馬を仲介人として正式に薩長同盟が結ばれ、ここに武力による倒幕路線が確定した。

薩長同盟の内容は、この時点では軍事同盟ではなく、幕府の長州再征が行われた場合の薩摩藩による側面援助と長州の冤罪を晴らすこと、さらに、いざ決戦となった場合は薩摩は会津、桑名に対して軍事行動も辞さない、といった決意表明であるが、実際には薩摩藩も公武合体路線は放棄したと考えてよい。（といっても、この決定は西郷、大久保らの独断で、藩父久光は詳しくは知らされていなかった）

その翌日、幕府の長州処分案が勅許された。藩主父子の蟄居と一〇万石削減である。これに薩摩藩は、再征には大義名分がないと出兵拒否書を幕府に提出する。幕府はうかつにもいまだ薩長同盟が締結された事実を知らなかったのである。

以後、高杉の決起による藩政府掌握と幕府の長州再征四境戦争を経て、長州藩は高杉の奇兵隊及び大村益次郎が苦心して育成した近代装備による洋式軍隊をもって幕府軍に圧勝した。ここから長州の武力討伐路線に与みした薩摩と、慶喜に味方する土佐の山内容堂の大政奉還建白論とが、小御所会議まで激突を繰り返すこととなる。

大政奉還の真実

幕府寄りの山内容堂は、家臣の後藤象二郎の意見を入れて一〇月三日、大政奉還の建白書を提出した。この案に慶喜はすぐに乗った。事態を甘く見ていたのである。慶喜や幕閣は、大政を奉還しても朝廷には実際には政権を担当する能力などないから困り果て、「暫くは政権を幕府に預けておくから従来通り政治を取り仕切れ」という結果になるのではないか、とタカを括っていた。

ところが策士の岩倉は、好機到来と踏んで薩摩の小松帯刀、大久保利通らと図り、一四日夜中山忠能、正親町三条実愛、中御門経之と会合をもち、いまだ逡巡している二条摂政へ次のような要望書を作り、提出した。その内容とは

一　王政復古断然決定のこと
二　徳川将軍に辞職を申しつけること
三　毛利父子（長州藩主）の追放を許すこと
四　賢明なる諸藩主（芸州、薩摩、土佐、越前、宇和島）を召集のこと

以上の申し入れを受け、摂政は参内し、親王、左右大臣、前関白、伝奏らに諮ったところ、慶喜がそのように大政奉還を申し出ているならば受ければよいではないか、と速やかに決まってしまった。

翌一五日には早くも慶喜が宮廷に呼び出され、奉還認可の沙汰書が下された。慶喜とすれば内心、こんな筈ではなかったのに、とほぞを噛む思いであったろうと推察されるがすべて後の祭りである。

といって、自分が言い出したことだからどうにもできない。

ところが反対に、武力討伐派の薩長では穏便に政権が移譲されても困る。なんとしてでも武力で倒幕を果たさねば将来に禍根を残す、と考え、京に向け大軍を集結し始めた。禁裏には会津、桑名の兵が防御にあたっている。

そこで倒幕派公家達は一二月九日をもって王政復古の渙発を発し、天皇は王政復古の諭告をおこなった。ここに、形勢は逆転して会津、桑名を中心とする幕府軍は賊軍となり、代わって薩摩、それまで賊軍の長州が官軍の立場になったのである。

それでも混乱は依然として続いていた。九日開催された小御所会議では、山内容堂、松平春嶽らは慶喜に何の過失があるかと、猛然と攻撃に出て、これに岩倉、大久保が反撃し、議論は深夜まで続いたが、結局は大久保らの主張が通り、辞官、納地は決定をみた。

そこで慶喜は不穏な空気に押し包まれた京都を避け、幕府の大軍が集結している大阪城へ退いた。対ここで不思議なことは、この時点で幕府軍は一五，〇〇〇人の大軍を擁し、戦意も旺盛であった。対する薩長連合軍は僅か四、五〇〇〇人しかいなかったにもかかわらず、慶喜は戦争を避け、兵を捨て密かに夜陰にまぎれて大阪城を脱出し、幕府軍艦奉行榎本武揚率いる幕府最新鋭軍艦開陽丸に座乗し、江戸へ逃げ帰った。

大局からみれば、この時点で戦火を交えれば幕府軍が勝ったかもしれないが、結局は長期戦の様相を呈し、日本は内乱状態に陥って列強の干渉を許し、半植民地化の状態に陥っていたかも知れない。それを考えると、慶喜の判断は正しかったと言えよう。果たして慶喜がそこまで読んでいたのか、或いは単なる優柔不断な性格からきたかは慶喜自身でなければ分からないが。

そして結局は倒幕の密勅が下され、一八六八年（慶応四年）一月二日の鳥羽・伏見の戦役に至るが、この経過については余りにも有名であるので省略し、本筋の徳川慶喜の構想した雄藩連合体制と、薩長が模索した中央集権体制のいずれがこの時代に適合していたかについて考えてみたいと思う。

四　中央集権国家体制の利点と欠陥

幕府瓦解から天皇親政へ

国家統治機構の形態には、その時代によってゆるやかな地方分権連合国家体制がよいか、強力な中央集権方式がよいかは随分と異なってくる。例えば、現在の日本をみると地方の時代への移行を謳いながらも、官僚主導による中央集権国家であり、その弊害がもろに露呈されている。明治以降の中央集権体制が、太平洋戦争で崩壊したあとも、見事に復活してしまったのである。

だが、幕末から明治にかけての国際環境下では、徳川慶喜が構想した雄藩連合によるゆるやかな国家組織と、強力な中央集権国家体制ではいずれが日本全体の発展に寄与したかとなると筆者は後者にあると考える。(勿論、個々の国民の生活にとっては必ずしも同一であるとは言えないが。)

この時代、一九世紀から二〇世紀にかけて、世界は帝国主義全盛期であった。実際に世界制覇に乗り出していたのはイギリスを筆頭に、フランス、ロシア、少し遅れてドイツ、アメリカなど西欧を中心とする列強であったが、面白いことに韓国やエチオピアなど小諸国家群も帝国を名乗っていた。

このような激しい植民地獲得競争を繰り広げている国際環境下で、封建制度の延長線にあるような、徳川家を盟主とする有力藩の連合体で構成する雄藩連合政府ができたとすれば、如何なる結果になっていたであろうか。

清国はその末期、中央政府はあってなきがごとき状態で、地方軍閥が跋扈し、列強諸国の格好の餌食となり国土は半植民地と化した。恐らく日本においても統制力のない徳川家に代わって有力諸藩が主導権争いを繰り返していれば、列強の介入を許して半植民地化の状態におかれていたのではないか。現に幕末、幕府はフランスから軍事顧問団を雇い入れ、洋式歩兵部隊を創設し、それが縁で親しくなったフランス公使ロッシュは慶喜に対し、武器援助をするから薩長など倒幕派と一戦を交えるよう盛んに勧告している。

一方、これに対抗すべくイギリスにおいても、同国公使オールコックや、後任のパークスは薩長連合軍に貿易商グラバーを通じて武器供与を行っている。

幸いなことに、第一五代将軍徳川慶喜が、日本が内乱状態に陥ることを危惧して争いを避け、大政を奉還し、恭順の意を表した。それを受けて、日本という国家を単位として考える西郷と勝が話し合いを行い、江戸城を無血開城した時点から、明治新政府は諸外国から正統な政府として認知を受けた。

それにより、以後、彰義隊、奥羽越列藩同盟に対する戊辰戦争、榎本武揚率いる幕府海軍と大鳥啓介ら陸軍の一部が独立を図った函館戦争と続いていく。

だが、これらは幕府対明治新政府間の戦争というより、旧幕府側勢力はまとまりがなく、個別の戦闘に終始していた。したがって、以後の戦争は国際法上認知された新政府による、旧幕府残存勢力の掃討戦の様相を呈していたのである。

この頃になると、今までのように幕府、朝廷、諸藩間の勢力争い、といった国内問題は影を潜め、如何に国際法上諸外国から正式に認知されるかが重要な課題となっていた。

それゆえに、幕府海外派遣生としてオランダに留学し、専門の蒸気船操艦訓練、運用のみでなく国際法にも通暁していた榎本武揚は、対幕府との戦争中にもかかわらず、函館独立国としての認知を諸外国に働きかける努力を最後まで行っていたのである。

王政復古から近代国家成立へ

対幕府残存勢力を駆逐し、王政復古クーデターで樹立された明治新政府の基盤は弱体であった。封建制度から近代国家制度への転換といっても、最初は実力もない公家や公武合体を唱えていた旧藩主を表面に立て、「いにしえの昔に帰る」、という古くさく、およそ近代化された政府とは到底いえない統治機構であった。

その内容も、薩摩、土佐、安芸、越前、尾張の旧幕勢力も含めた諸藩連合政権にすぎなかった。それは越前藩士由利公正が書き上げた「五箇条の誓文」と、参与の土佐藩士福岡孝弟が修正を加えた「会盟」の内容に如実に現れている。

その第一条には「列侯会議を興し万機公論に決すべし」、とあり、藩主会議を最高意志決定機関とする考えであった。おそらくこのままの状態で政治形態が構築されれば、慶喜が目論んだ「雄藩会議」

と同じで、しっかりと権力機構が確立していた江戸後期までの幕藩体制より弱体で、ひどい政体となっていたであろう。

この旧弊を打破し、真に近代国家としての統治機構を確立したのが、大久保利通（四〇歳、薩摩）、板垣退助（三三歳、土佐）、木戸孝允（三七歳、長州）、江藤新平（三六歳、肥前）、伊藤博文（二九歳、長州）、大隈重信（三三歳、肥前）、山縣有朋（三二歳、長州）、井上馨（三五歳、長州）など下級武士出身の新進気鋭の官僚群である。彼らは新政府首班に、維新の功労者で長州派の三条実美（三三歳）、薩摩派の岩倉具視（四五歳）ら公家をトップに奉って、実権は彼ら下級武士団が握り、天皇親政政権樹立を図った。

その方途として総裁局顧問木戸孝允は、「会盟」第一条から列侯会議をとり、「広く会議を興し万機公論に決すべし」と修正し、旧藩主達を政権から体よく追い払ったのである。

これにより明治新政府は公家、旧藩主などを貴族として祭り上げることにより、新政権から旧勢力を一掃した。そのあと彼らは天皇親政を掲げ、自分たちが政権の中枢を担い、真の近代国家樹立に向けて中央集権体制確立に邁進していくことになる。

彼ら新進気鋭の下級武士出身の政治家には、実務能力と明確な新国家像を描く力が備わっていた。

この経過をみていくと、幕末の雄藩構想の頃は慶喜と四賢公といわれた諸侯が主導権を握り、公武合体を策した。次に倒幕が成功して王政復古がかなった時点では、皇族、公家、諸侯の一部が政権を握り、いにしえの政治に逆戻りするかと思われた。

結局彼ら皇族、公家らは世情に疎く、政治の実務を取り仕切ることは困難であり、戦場の修羅場をくぐり抜けてきた有能な下級武士出身者に政治の実権は取って代わられた。

世界のすう勢が帝国主義の全盛期にあったとき、いにしえの政治ではなく、国際的な視野に富み、政権運営の実務能力に優れた下級武士団が政権の中枢を握った、という事実は、日本が近代化を推進していく上で、欠かせない要素であった。

このように政権移動が、紆余曲折はあったとはいえ順調に行われた背景には、慶応四年一月の鳥羽、伏見戦役から同年九月二四日に終わりを告げた戊辰戦争まで、戦争指導はトップに皇族を推戴したとはいえ、実際の軍事指揮は藩主ではなく、藩士が執っていたことに起因している。それに大名の版籍奉還も、それほど抵抗なく行われた要因は、長い幕藩体制のなかで藩財政が窮乏し、体制疲労を起こしており、すでに藩存続自体が困難になっていたことによるといわれている。

中央集権化の道程、版籍奉還

長州の木戸、薩摩の大久保、寺島宗則らは、日本が真の近代国家を形成し、欧米列強に互していくには何としても藩を廃し、中央集権化を図らねばならないと考えていた。それには土地、人民を天皇に返還する、という版籍奉還を実現せねばならない。

そうはいっても大名のなかには藩を取り上げられることに根強い反対論もある。これを抑えるため、一八六八年（慶応四年）二月一一日、大久保はまず自藩の藩主を説き伏せ、薩摩藩の領地一〇万石を返上し、政府御親兵の創設軍資金に充てる、という意見書を提出した。

一八六九年（明治二年）一月一四日、大久保、広沢真臣、板垣退助の薩長土三藩の代表者が集まり版籍奉還の合意が成立した。遅れて副島や大隈ら肥前系も加わり，世にいう「薩長土肥」四藩連携がなるのである。

その合意内容とは、天皇に対する建白書に記載の通り、「すべての土地と人民は天子の所有するところであり、私有はこれを認めない。」とし、「土地、人民は天皇に返還すべし」、という王土王民論である。

ここで「前掲　政事家　大久保利通」を要約すると、「藩主等は『版籍奉還』といっても、一度返還しても再交付されると考えていたようだ。版籍を奉還して天皇の採決（再交付）を願う、という天皇の臣下として藩主の地位を確保しようという意図であった」という。

ところが新政府首脳は最初から中央集権化を狙っていたから、再交付には応ぜず、藩主と藩士の主従関係は解消された。

この改革を実施するに際しては、藩主に気兼ねをして藩政度を曖昧にしょうとした大久保に対し、木戸は強硬な中央集権論を唱え、結局は薩長土肥中心ではあるが、藩という制度自体を解消し、新たな統治機構樹立に成功したのである。

だが、すんなりと新政権が誕生したわけではなかった。新政府の基盤は、財政面でも制度面でも軍事面でも弱く、そのうえ問題を複雑にしたのが政府に最大の力を有する薩摩藩であった。藩の実権を握っていた藩主の父久光は、自分が新政府首脳に就任するつもりでいた。ところが、実際には四藩の藩士らが参与として政権の中枢を担うことになり、久光はていよく政権から遠ざけられてしまった。

久光は最初から西郷が嫌いであったが、側近と思っていた大久保にも裏切られた、という思いを強くし、明治新政権に恨みを抱くようになったのである。

明治期における近代天皇制の位置付け

一一九二年（建久三年）、源頼朝が鎌倉に幕府を開き、初の武家政権が誕生してから天皇は祭祀を司る存在として政治の世界から隔離された。最も日本における天皇の位置付けは、天皇が大王と呼ばれていた大和朝廷成立時から有力豪族の連合政権であり、天皇の称号が確立した律令国家の一時期を除いて、自ら政権を運営していたとはいえなかった。

特に武家政権が成立以降は祭祀を司る存在に追いやられていたから、実際に皇帝としての位置付けがなされたのは明治政権誕生以来のことである。

それまで天皇は御所の中から出ることを幕府から許されず、御簾の内にあって衣冠束帯に身を包み、政（まつりごと）は幕府の政策に勅許を与えるにとどまっていた。

それを西欧と同じ性格を持つ皇帝としての位置付けを行ったのは、政権を強化するために大久保利通が制度化してからである。それと同時に、制服も軍服が正式採用される。政権の座につかれてから天皇は好んで欧米事情をよく学ばれたが、特に、ナポレオンとワシントンに興味を抱かれたといわれる（岩波講座　日本通史　第一七巻近代天皇像の展開　飛鳥井雅道著）。

だが、大久保も最初から天皇をプロイセン型に構築するつもりはなかった。この頃明治政府が政権運営のモデルとしたのは、幕末から薩長が密接な関係にあったイギリス王室であった。それは後に詳述するが、ドイツを模倣するに至るのは明治四年、岩倉使節団が米欧に派遣され、ドイツにおいてビスマルクに会見し、その考えに強く感銘を受けた大久保、伊藤博文が、ドイツの立憲君主制を導入することを決意してからである。

と言っても、大久保の後を継いだ伊藤、井上毅は天皇の位置付けについてかなり研究し、ロシア型の専制君主制ではなく、憲法を基礎においた「国家の基軸」、議会制を採り入れるなかでの立憲君主制を目途とした。すなわち、天皇機関説である。

天皇権威の拡大は国家権力の要におかれるが、同時に、その天皇個人の恣意性を徹底して排除することが、伊藤、井上の憲法・皇室典範の中心におかれたのであった。(前掲　日本通史　飛鳥井雅道)が、天皇親政を経験した天皇は容易にその枠内に入ろうとせず、政治への介入を試み、一時期、伊藤らと対立することになる。

それは日清戦争開始前、天皇は宣戦布告の詔勅を出すことに反対し、「これは朕が望むところではない、大臣が勝手に起こした戦争だ。」と述べられていることなどその象徴というべきであろうか。

その後、昭和に入り軍部独裁政治が進展し、天皇親政を叫ぶ軍部に対し、美濃部達吉博士が「天皇機関説」を発表し、排撃されるが、この説は何も美濃部の創設ではなく、明治政府成立時から考えられていた説なのである。

廃藩置県

日本は近代化に向けて生みの苦しみを味わっていた。未だ藩という旧弊を引きずっていた新政権は、すんなりと中央集権体制に移行したわけではなかった。問題を複雑にしたのは長州と並んで維新の最大の功労者薩摩藩であり、久光であった。独自に藩の軍事力強化に努めていた薩摩藩は、この頃一二，〇〇〇人の軍隊を擁していた。

これに対し、政府は薩長土三藩から徴集した御親兵八，〇〇〇人のみである。政府直轄軍といっても薩摩一藩にも及ばぬ軍事力しか持っていなかったから、軍事力を背景に新政府に楯突く久光には手を焼いた。それにここへ来て西郷の動きが複雑な様相を帯びてきた。新政府樹立後、西郷と新政府の間はしっくりいっていなかった。

この時期、日本近代化にとって喫緊の課題となっていたのは政府機構の整備であった。その推進力となったのは、この時点では政権構想は、開明思想を持つ木戸孝允が、漸進主義をとる大久保よりも改革をリードしていた。

ところが、米欧視察帰国後、日本近代化政策の主役の座にすわったのは、偏狭なところのある木戸や、新国家建設の青写真が描けぬ西郷に代わって登場した大久保利通である。

その要因は、何よりも大久保の明確な国家ビジョンと、それを遂行する実行力にあるといってよいだろう。

大久保は近代行政機構の確立者であると言われている。大久保はそれまでの大納言や各参議が所管を持たず、合議制によって政治をおこなっていたシステムを改め、新たな政府機構改革案として、三条左大臣、岩倉右大臣を首班に各省整備を行い、財政、軍事、民生、司法、土木など全ての行政機関に責任ある長官（卿）を置き、行政主導によって統治する官僚機構を創設しようとした。

この機構改革案に真っ向から反対したのが、長州出身の木戸と井上馨である。以後、双方とも譲らず論議は平行線をたどり、木戸を最高首脳とする案も木戸に断られ、大久保も辞職を願い出るなど政局は混迷の度を加えていった。

この局面を打開するために提言されたのが、野村靖と鳥尾小弥太の廃藩置県論である。いわば苦しまぎれの案ではあったが、中央集権化を意図する大久保にとっては最大のチャンスであった。大久保は逡巡する岩倉を説き伏せ、決行した。

筆者は、日本がアジア諸国に比べて、比較的スムーズに近代国家の仲間入りが可能となった要因は、雄藩会議などという封建制度の残滓を引きずらず、紆余曲折はあっても廃藩置県により、旧制度を一掃し、中央集権化に成功したことにあると考えている。

廃藩置県が、薩摩の島津久光を除いて他の藩知事から大きな反抗もなく行われたのは、藩自体の財政状況が、米穀経済に依存していて、流通経済の波に乗り遅れていたことと、幕府の大名窮乏政策により財政は破綻をきたしており、すでに藩は運営困難になっていたことなどにあるといわれている。

それに藩知事は家禄が保証され、公家と同等の華族という地位を得られ、かえって煩雑で責任ある藩主の座から逃れ、華族という気楽な名誉のみある地位に安住することができて満足していたのではないか、と推測される。

更に加えるなら、旧藩主には天皇親政という錦の御旗の前にあえて逆らう力も意欲も存在していなかったといえよう。

一方では、木戸などによるゆるやかな統治形態、すなわちイギリスなどを模範としていた立憲君主制が、米欧視察団帰国後、ビスマルクの影響を強烈に受けた大久保、伊藤らの思考変更によって変わっていく。

彼らはドイツの政治形態、軍事組織・機構に余りにも傾倒しすぎていった。その結果、日本の統治機構は過度の中央集権・官僚独裁国家形態となるに及んで、民権弾圧、自由主義抑圧に走っていく、という欠陥を生んでいくことになる。

これが、時代の流れに沿った政治機構か、時代に逆行した形態かの分かれ目になった。イギリスとて、最初は帝国主義の先鞭をきって、武力をもって世界制覇に乗り出していたのであるが、いち早く、国王を「君臨すれども統治せず」という形態の議会制民主主義国家に変貌させて、時代の潮流に乗ることに成功した。

それが、ドイツ、日本などは成立時は時代の流れに沿って成功した中央集権制度にいつまでも固執し過ぎ、強引な領土拡張政策に奔り、国際社会の非難を浴びることとなったのである。

五　中央政府機構の確立

太政官政府と府県制制度

一八七一年（明治四年）七月一四日、廃藩置県が断行され、参議制度による新政府機構が成立した。参議には長州の木戸孝允、薩摩の西郷隆盛、土佐の板垣退助、肥前の大隈重信が就任することとなった。事実上の薩長土肥政権発足である。なお、この時点では明治新政府推進の原動力となる最大の実力者、大久保利通は参議に名を連ねていない。これは、旧四藩のバランスをとった結果ではないか、とされている。

新政府の機構は、正院、左院、右院を置き、正院には太政大臣・左大臣・右大臣・参議を置き、天皇が親臨して万機を決するというシステムであった。立法、司法、行政の最高決定権を有する太政官制度の発足である。太政官政府首班の太政大臣には三条実美が就任、右大臣には岩倉具視、参議には前述の四人が就任し、三条、岩倉以外の公家と旧藩主勢力は新政権から文字通り一掃された。

ここに日本は明治中央集権国家の誕生を迎え、西欧列強の仲間入りをすべく、「富国強兵」の途を歩むこととなる。

ところで「富国強兵」政策とは、ビスマルクから影響を受けた大久保、伊藤、山縣の専売特許であるかのように言われるが、すでに安政年間、島津家を継いで藩主に就任した開明派で英邁な君主、斉彬によって唱えられている。斉彬はアヘン戦争で巨大国清がイギリスに敗れたことに非常な衝撃を受け、海外から情報を収集した。その結果、イギリスの強さの要因が「近代火砲と蒸気により動く軍艦」にあること。そして、それら軍事力を可能にしたのは「産業革命により達成された、機械化された工業力、製鉄業、造船業など科学力」にあると喝破した。斉彬は

「此の場に至りて通商を開かざるは不策にて、とにかくこの方より押し掛けて開くを上策とす。ついては内の差し支えなきよう、速く物産繁殖の途と軍備を整え、彼の軽蔑を受けざるよう国威を張り、通信交易するに外なし」（島津斉彬言行録　前掲　政事家　大久保利通）

として、西欧列強に負けない国家を創るには何よりも西欧文明を採り入れて「富国強兵」政策を樹立すべきである、と主張している。

このため、斉彬は薩摩に高野長英、松木弘安など洋学者を呼び寄せ、洋学研究に取り組んだ。その成果として実際に『集成館』という工場を建設することにより、大砲、銃器、造船所、はては電信装置まで完成させるに至っている。この意味で日本近代化の先駆者は島津斉彬といっても過言ではないだろう。

次いで、参議の下に行政組織として、財政を司る大蔵省と、宮内省が設置された。大蔵卿には大久保が就任した。大蔵省は財務はおろか、殖産興業、地方行政をも担当する巨大官庁になり、大久保が

これを担当することで、最高権力者への素地を造ることとなった。さらには大久保は佐賀の乱などに際して一時期、軍事力まで掌握したのである。

彼は人事権を掌握すると、新政府主要ポストに津田出（いずる）、安場保和、谷鉄臣、吉田清成、旧幕臣渋沢栄一らを抜擢、登用する。

渋沢は武州の豪農の出身であり、一橋慶喜に見いだされ幕臣として重用されていたが、維新後財務に精通していることから、能力主義の大久保に見い出され大蔵省に登用されたのである。やがて彼は政変に巻き込まれ、官を辞して民間に下り、第一銀行設立を始め数々の企業を設立したばかりでなく、商業会議所設立に携わるなど公益事業に貢献し、明治財界最大の実力者となっていく。

宮内省については、早くから明治天皇の祖父前大納言中山忠能が、「天皇が女官に囲まれて育っていったのでは柔弱な性格になられ、新時代の天皇に相応しくない。」として、周囲から女官を遠ざけようとしていた。

新政府になってからも、西郷、大久保はその考えを踏襲し、武人が天皇の教育を担任させる体制を確立させようとした。その改革実現のため、大久保が宮内省に送り込んだのが吉井友美、徳大寺実則であり、侍従には島義勇、米田虎雄、高島長祥ら硬骨の士を付けた。

天皇には彼らにより学問、武術訓練がなされ、天皇自身も勇武の性格が強かったとみえ、和漢洋の学問と武術に励んでおられた。

ところでこの頃になると、明治政府の基礎もようやく固まりつつあったが、それと同時に新政府最高首脳部の間に考え方の相違が出はじめ、亀裂が生じてきた。

維新の三傑といえば、西郷隆盛、大久保利通、木戸孝允を指すが、このうち西郷は幕末から明治初期までは軍を掌握し、一方では宮廷工作においても大久保とともに、権謀術策の限りを尽くして維新の偉業を成し遂げた。

その西郷も近代日本建設の段階になると、新しい国家をどのように構築するか、という青写真を描くことはできなかった。破壊は得意だが、建設は苦手であったようだ。

木戸も政府発足時には、新政府樹立構想では最も革新的な考えをもち、共和制度にも共鳴するなど斬新な意見を述べていた。それが米欧岩倉使節団の一員として外遊する頃から鬱状態となり、帰国後も愚痴と不満を漏らすような生活に変わっていき、政権中枢からも次第に遠ざかっていった。

これに対し、最初は薩長土肥のバランスから参議をはずれたが、大蔵卿として財務、勧業、地方行政の実務を掌握した大久保は、事実上政府の実務権限を独占した。それに伴い、彼自身も政治家として急激な成長を遂げるとともに、行政手腕を身につけ、権力を握り近代日本建設に対する明確なビジョンを描きはじめた。

この大久保の端倪すべからざる成長ぶりについて、安場保和は次のように語っている。

「明治六年五月、大久保公が欧米巡回を終わって帰朝せられたとき、予は当時愛知県令であったが、早速上京して親しく公に接した。予が驚いたのは、公の人格が変化していたことであった。従前は、豪まい沈毅の気性のみに富んだ人であったが、巡回後はそれに洒落の風を交え、加うるにその識見が大いに増進せるを感じたのである。初めは全く政治の大綱のみ心を傾けて、余り些細なことには留意されない人であったが、帰朝後は我が帝国をして宇内万邦に対峙せしめんには、必ず富国の基礎を強固ならしめねばならないと語られ、施政方針は専ら教育、殖産、工業、貿易、航海等の事業にあって、これらを盛んに奨励されたのであった。」（甲東逸話　前掲　政事家　大久保利通）

そこで大久保の国家建設構想に共鳴する新進政治家、官僚群などが彼の傘下に加わっていった。かつては木戸の子分であった長州の伊藤、井上、それに肥前の大隈など実務に精通した政治家が派閥の垣根を越えて続々と参集したのである。

大久保とて、かつては岩倉と組んで宮廷工作に奔走したり、久光の側近として彼を騙すようなかたちで討幕運動に引きずり込むなど、権謀術数を弄していたが、新政府成立頃から実務に秀でた正統派政治家に変貌し、近代国家建設の推進者となっていくのである。

府県制度成立

大久保大蔵卿が特に関心を持ち、改革に意欲を燃やしたのが地方制度改革である。大久保と井上馨次官は協議のうえ、旧藩以来の三府三〇二県を、三府七三県に統合することを企画した。地方行政も大蔵省の管轄下にあったからである。

大蔵省案はその後修正され、三府七二県とされて長州、土佐など維新功労の大藩も一度は分割されたが、問題は薩摩藩である。さすがの大久保も島津久光に遠慮してか、手がつけられていない。このため、旧長州、土佐、肥前なども一転して旧に復している。

これにより、府県は完全に藩主の手から離れ、一八七一年（明治四年）一〇月の府県官制と一一月の県治条例により整備され、府県知事、県令が置かれ、権限が規定されることとなった。正式な中央集権国家体制の完成である。

大久保は、新しい国家体制を構築するには旧藩主から統治権を剥奪することが第一の課題と考え、それに成功を収めると、今度は府県を完全に中央政府の管轄下に置くことに全力を傾けた。

そのため、県令（のちに名称変更により府県知事）をはじめとする主要な地方官は、生え抜きの人間をはずし、わざわざ他府県出身者を派遣する人事をおこなっている。

この措置により、一八七一年（明治四年）一一月、それまで江戸時代までの各藩が自主・自立権を有し、幕府のゆるやかな統制下にあった制度は消滅し、太政官政府に軍事を含む全ての権限を集中させることに成功した。

同年は奇しくもプロイセンが普仏戦争に勝利をおさめ、パリにおいてウイルヘルム一世が戴冠式をあげ、諸邦に分裂していたドイツ統一を成し遂げた年でもある。

六　政府首脳の米欧視察

岩倉遣米欧視察団派遣

一八七一年（明治四年）九月二七日、幕末の不平等条約改定のため、欧米に使節団を派遣することが正式に決定した。米欧に視察団を派遣するにあたっては、最初、三条太政大臣に派遣を建議したのは大隈重信である。彼は肥前の開明君主鍋島直正の側近をしていた関係から外国事情に詳しかった。それに大隈は長崎に留学をしていた頃、アメリカ人宣教師フルベッキに、西欧の法律、司法行政、外交、教育など諸制度について概略を学んでいた。また、大隈は外国官副知事、会計官副知事を兼任しており、外交は専門分野でもあった。

それに彼はフルベッキから「書籍での知識より、実際の科学技術の真髄を知るには自分が直接行ってみることだ。」と言われ、前述のように三条を通して大隈派遣団を、閣議に提出されるまでに進捗させていた。

ところが、実務はできるが、なにかと生意気な大隈を好まない木戸、大久保は、それまで犬猿の仲であったにもかかはらず、手を組み逆転を図って岩倉を説得した。薩長は普段は仲違いをしていても、いざ自分達の権益が脅かされそうになると手を組むのである。

そこで外国の政治制度の仕組みを知るには、団長には国政のトップにあり、外国事情を知る必要性を説いていた岩倉具視が適任とされ、薩長が提携した大久保案が通り、岩倉使節団派遣と決定した。（岩倉使節団米欧回覧実記　田中彰著　中公新書）

副使は木戸、大久保、それに幕末、イギリスに留学以来外国の政情に詳しい伊藤博文、隋行に山口尚芳ら四七名、随従に一八名、留学生四三名も同行することに決定した。総勢一〇七名という大使節団の派遣である。（岩倉使節団の歴史的研究　北大教授田中彰著）

それに、外国事情に詳しく、かつ、語学に精通している人材という点では幕末、幕府は正式な外交使節団や政治、経済、医学、軍事等各種の分野にわたって沢山の留学生を欧米諸国に派遣していた。やむなく密出国による留学に頼らざるを得なかった倒幕派諸藩よりも幕府側は外国通を揃えていた。そこで使節団はこれら旧幕臣も書記官として同行させざるをえなかったのである。

注　岩倉使節団米欧回覧の実態については、同使節団に随行した旧肥前藩士久米邦武が克明に記載した報告書「特命全権大使米欧回覧実記」に記されており、全五冊が岩波現代新書から発刊されている。それを要約したのが、北海道大学教授の田中彰著「米欧回覧実記」であり、本書はこれから引用している。

使節団の主な構成員は

特命全権大使	右大臣	岩倉具視	公家	四七歳	
副使	参議	木戸孝允	長州	三九歳	文部卿
同	大蔵卿	大久保利通	薩摩	四二歳	のち内務卿
同	工部大輔	伊藤博文	長州	三一歳	同　首相
同	外務少輔	山口尚芳	肥前	三三歳	同　参事院議官
一等書記官	外務少丞	田辺太一	旧幕臣	四一歳	同　貴族院議員
同	外務大記	福地源一郎	同	三一歳	同　衆議院議員
二等書記官	外務七等出仕	林　薫	同	二二歳	同　外務大臣
大使随行	外務大記	野村　靖	長州	三〇歳	同　枢密顧問官
同	租税権頭	安場保和	肥後	三七歳	
同	権少外史	久米邦武	肥前	三三歳	同　帝大教授
理事官	司法大輔	佐々木高行	土佐	四二歳	同　参議
同	陸軍少将	山田顕義	長州	二八歳	同　司法大臣
会計兼務	戸籍頭	田中光顕	土佐	二九歳	同　宮内大臣
同	文部大丞	田中不二麿	尾張	二七歳	同　枢密顧問官

（岩倉使節団「米欧回覧実記」　田中彰著）

などであり、使節団は薩長土肥で構成されているが、主要メンバーでは薩摩が大久保一人なのに対し、旧幕臣及び徳川親藩である尾張から計四人が参加しているのが特徴である。これは前述のように、旧幕臣が幕府存続時に西欧諸国に留学か、もしくは幕府使節団の一員として渡航し、海外経験が豊富なことと、語学に堪能なことを買われての参加である。（注　使節団はのち政府等で活躍した人をピックアップしており、必ずしも序列通りではない）

ところが、この構成が船中で問題となった。留学で海外経験豊富な旧幕臣の書記官たちが、藩閥代表ではあるが、海外事情に疎い理事官たちを軽んずる風潮があり、渡航中双方でいがみ合いをつづけていたのである。

特に、無骨さを誇る薩摩出身の高官はマナーに欠け、それをあざ笑う書記官と悶着を起こし、岩倉大使から厳重注意が行われるなど、同じ日本人同士でありながら内実は大変な騒ぎであった。また、余りの傍若無人さにへきへきした使節団首脳は、恥をさらさぬよう外国通の通詞にエチケット集を作らせ、それを学ばせる、ということまでおこなっている。

日本人初の女子留学生

この使節団には明治時代には珍しく女子留学生五名が参加していた。最年少はなんと八才の津田梅（後年、女子英学塾長）、父は旧幕臣、東京府士族。永井繁九才（のち海軍大将瓜生外吉の妻）、父は静岡県士族。山川捨松は一二才（のち陸軍卿大山巌の妻）父は会津藩士で青森県士族。吉益亮は一五才、父は旧幕臣、東京府士族、外務大録。上田悌は一六才（医師桂川甫純の妻）父は新潟県士族、外務中録である。

彼女らは父の経歴にみられるように、維新の敗者、もしくは下級官吏の娘である。前述の田中彰氏によると、「彼女たちは未知の世界への実験台に立つための人身御供であったかもしれない」、という。一方で政府は女子留学生には、伝統社会を担う華族に新しい社会の師表を求め、若い彼女らに文明開化の先鞭となるよう期待もしていたのであろう。そのため、天皇、皇后から「帰国したら婦女の模範になれ」という沙汰書を出させてもいる。

この女子留学生を巡っては、長野書記官と吉益との間にいかがわしい行為があったと、同じ女子留学生上田悌から大久保に対し告訴騒ぎがあった。中島が提起して新しがりやの伊藤がこれに乗り、船中において「模擬裁判」がおこなわれる、という一幕もあった。

彼女らは帰国後、期待に背くことなくそれぞれの分野で業績を挙げている。

米欧視察団の意図

この米欧視察団派遣により、留守部隊となった西郷を筆頭とする江藤、副島、板垣、大隈らとの間に、日本の進路に関する考え方に大きな差異が生ずることとなり、使節団帰国後政府首脳間に抜き差しならぬ対立が発生した。

明治政府成立後、基礎も固まらないこの時期に、政府首脳の約半数が諸国外遊に出かけるとは随分と思い切った決断をしたと考えられるが、それにしても後進国日本を近代化するうえで、西欧諸国の文明に接したことは計り知れない大きな効果をもたらしたといえよう。

この使節団派遣があったればこそ、内治を整備することをなによりも優先し、無謀な征韓論などに与みすることなく、近代国家発展の基礎造りができたのである。

岩倉全権視察団の任務は、大まかに言うと、欧米諸国と同一の文明国となるために、その政治経済制度を調査研究し、不平等条約を解消するにあたってはいまだ時期尚早ではあるものの、将来の改定に向けて予備交渉をおこなっておくこと、などである。

明治新政府にとって、不平等条約の解消は何としても成し遂げねばならぬ喫緊の課題であった。安政五年、幕府は日米修好条約に調印した。これをベースに開国を迫ってきた英、仏、蘭、露四カ国とも条約を締結したが、この時は輸入品の種類別に五%から三五%の関税を課す規定になっていた。関税自主権は一応認められていたのである。

ところが文久二年に幕府の使節がロンドンに行き、新潟、兵庫開港や江戸、大阪の開市延期を申し入れたとき、交換条件として関税率譲歩を要求され、承諾した。その結果、慶応二年には輸出入ともに一五%に改定され、関税自主権は完全に放棄するという屈辱的通商条約となってしまった。幕府の弱腰、無責任な先送り外交のツケが明治政府に押しつけられたのである。

そしてこれは他の四カ国にも及び、それに関税率とは別に、外国人の治外法権も認めさせられているが、これはあくまで仮条約であって、本契約の改正交渉は明治五年五月におこなわれることになっていた。

岩倉使節団はこれら半植民地並の通商条約を、独立国家としての相互平等な条約に改正する準備を行うことを責務とされていたのである。
こうした任務を詳細に記述した文書に「岩倉公実記　中」に「事由書」と呼ばれている文書が「前掲　政事家　大久保利通」に紹介されているので引用してみると、

「廃藩置県により分裂していた国体が統一され、制度や法律が駁雑としていた弊害が改められ、政令が一途に出ることとなった。ここにはじめて欧米諸国と並肩する基礎が立てられ、条約を改正し「独立不羈」の体裁を定めることが可能となった。

だが、「改正は現実には困難である。そもそも日本が対等の権利を失ったのは、日本の国体風俗が欧米諸国と異なっていることに根本原因がある。したがって、対等関係になるためには日本の国体風俗を列国公法（西洋国際法）に基づき、欧米諸国並に変革しなければならない。」とされている。

調査事項の分担

上記の問題に対応するために視察団派遣計画のなかでつくられた「事由書」には「全権理事官員ハ之ヲ各課ニ分チ、各其ノ主任ノ事務ヲ担当スヘシ」としてその視察すべき分担を決めている。

① 制度、法律の理論とそれが実際にどのように行われているかを研究し、外国事務局、議事院、裁判所、会計局などの体裁と、その実務の現況とを自ら見聞して、これを我が国に採用して実施する。

② 理財会計に関係する法規や租税法、国債、紙幣、あるいは官民の為替、火災、海上、盗難などの保険等から貿易、工作、汽車、電線、郵便の諸会社、金銀鋳造所、諸工作所等の方法や法規を研究し、

その体裁と現に行われている状況等を実見し、これを我が国に採用して施行する見通しを樹立する。

③　各国の教育の諸規則、すなわち国民教育の方法、官民の学校設立・費用・募集の方法・諸学科の順序・規則及び等級を与える免状の方法等を研究し、官民学校、貿易学校、諸芸術学校、病院、育幼院等の体裁と現在の景況を実際に見て、これを我が国に採用して施行すべき方法の見通しを樹立する。

④　陸海軍の法律及び給与、或いはこれを指揮する方法を研究し、各国の有名な港津では、海関の実況、軍器庫、海軍局、造船所、兵卒屯所、城堡、陸海軍学校、製鉄所等を実際に見、かつ、そこでの教育の在り方は最も緊要の監察すべき点である。

（前掲　岩倉使節団米欧回覧実記　田中彰著）

これが岩倉使節団の任務とされたところであるが、それにしても新政府樹立以来、僅か数年で明治政府首脳が西欧の近代文明、制度導入に対する必要性を強く認識していた、という事実は驚くほかはない。政府首脳は、国家の機構や制度、財政、経済、軍事、教育等あらゆる分野にわたって強い熱意を持ち、欧米諸国から学び取ろうとしている。そしてこれら諸制度が、近代国家成立に不可欠であることが分かっていたという事実は、恐らく欧米留学生から聴取したのであろうが、それを必要と認めた開明性も素晴らしいとしか言いようがない。

古来、日本には新知識、技術を中国、朝鮮から抵抗も少なく、すんなりと導入したという転換の早さと柔軟性がある。これが明治においても発揮された、ということか。

余談ながら、第二次大戦後、連合軍は日本進駐に際し、徹底抗戦をされるのではないかと危惧していたという。ところが日本は執拗に進駐軍に抵抗することなく、素早く軍国主義を捨て、民主主義を受け入れている。日本人は古来から外国文化に対するアレルギーもなく、融合する能力に長けていたのであろう。

明治政府も近代化に向けて、政治制度、経済システム、法律、軍事制度、教育、科学などあらゆる分野において最新知識を導入せんとした。よく言われる「和魂洋才」、つまり、日本人の心を忘れることなく、積極性をもって外国の秀でた文明、科学技術を取り入れていく、という精神である。

そして日本にはこれら西欧諸国の高度な科学技術を採用し、それを咀嚼していくだけの潜在能力があったという事実である。これはすでに江戸時代から、武士は藩独自の教育、庶民においても寺子屋教育で識字率が高く、算術においても代数、幾何を理解する能力を持っていた人々が存在した、という事実が底辺にあったのだろう。

留守政府との約定

ところがこの視察団出発に際しては大きな差異が残った。米欧派遣団と、西郷を首班とする江藤、大隈、後藤、副島種臣ら留守部隊との間には「約定が」交わされていた。約定は一二条からなり、内外の重用な案件については互いに連絡を取り合い、使節団が帰国するまでは「内地の事務」を勝手に改正してはならない、と言う条項である。

これを主要部分について簡潔に列挙してみると、

①今度の使節団の趣旨を奉じて一致協力し、議論等に差異が生じてはならない。
②国内外の重要事件は互いに報告しあい、一ヶ月に二回の書信は欠いてはならない。
③国の内外照応して事務を処置するため、大使の事務管理のための官員を任命してこれに従事せしめ、来年大使帰国の上は政府内で事務に任じた官員と理事官等とを交代させて、外国に派遣する。
④大使帰国の上は各国において「商議及び考案せし条件」を実地に施行させる。
⑤「内地の事務」は、大使帰国の上改正するつもりであるから、その間はなるべく新規の事業は行わない。やむをえず改正することがあれば派出の大使に連絡する。
⑥諸官省長官の欠員はこれを任命しないこと、参議が分任し、その規模や目的は変更しないこと。
⑦諸官省とも勅任、奏任、判任とも官員を増やさない。やむなく増員しなければならないときは、その理由を具して決裁を乞わなければならない。
⑧以上の条件（ほか四項目）を遵守して違背してはならない。この条件を増やしたり、減らしたりしたときは、それぞれ照会しあってこれを決定する。

一方、留守部隊には錚々たるメンバーが揃っている。黙って約定にしたがい、指示を待っているほどヤワな政治家達ではない。これが岩倉使節団帰国後、大きな紛糾の種となる。

これら問題を抱えながら岩倉を正使とし、木戸、大久保等を副使とする一行は、鍋島直大ら旧藩主子弟の留学生も交えて一八七一年（明治四年）一一月一二日午前一〇時、最初の訪問国アメリカに向けて横浜港を出発した。一行が乗船した船舶はアメリカ号四，五〇〇トンの大型船である。同船にはアメリカ公使デ・ロングも帰国のため同船していた。

七　西欧が視察団に与えた影響

最初の訪問国アメリカ

船中では諸種の紛争を抱えながら一ヶ月近くの船旅を終え、視察団一行がハワイで給炭し、サンフランシスコに着いたのは一二月六日である。同市において一行は思いもかけぬ大歓迎を受けた。使節団は「米国ハ民主ノ国ニテ、礼儀、儀式ニ簡ナリ」とまずその国情の違いに驚いた。そこで歓迎会の席上、一行を代表して伊藤博文が有名な「日の丸演説」を英語でおこなったが、その内容は

「今や日本では外国の風習も理解され始めている。我が国の政府や人民が最も熱烈に希望しているところは、先進諸国が享有している文明のその最高点に達することである。この目標を達するために、我々は陸海軍や学術教育の制度を採用しようとしている。また、外国貿易の発展に伴って、海外の知識をどんどん吸収しつつある。我が国における改良は物質文明において迅速なりと雖も、国民の精神改良は一層遙かに大なり。更に、数千年来、専制政治下に絶対服従を強いられてきた間は、わが人民は思想の自由を知らなかった。が、物質改良に伴って、彼らに許されなかった特権のあることを人民

は知ることになった。それが数百年間の強固さを誇った日本の封建制度を一個の弾も放たず、一滴の血も流さず僅か一年以内で撤廃させたのである。この驚くべき事実は政府と人民との合同行為によって達成され、今や一致して進歩の過程を前進しつつあり、中世期におけるいずれの国が戦争なくして封建制度を打破せしぞ。」と打ち上げたのである。（岩倉使節団　米欧回覧実記　田中彰著）

これは伊藤博文の大ボラもいいところで、幕府を打倒するためには鳥羽・伏見の役から戊辰戦争、函館陥落まで続く戦役の結果、ようやく勝ち取った政権なのである。勿論、一般アメリカ人はともかく、政府、マスコミ関係者には周知の事実である。それを臆面もなく演説するところなど如何にも伊藤らしさがにじみ出ている演説ではあると云える。

それでもこの演説は内外人の間で「日の丸演説」と称され、好評であったという。

そして久米邦武をはじめとする使節団の大半がアメリカ人に対して感じた感想は、都市中に淫靡な風あり、とする「風俗の乱れ」であったと久米の回覧実記に記載されている。このことが共和制政治と相まってアメリカに対する失望感を抱かせたのであろう。

以下、「前掲　岩倉使節団の歴史的研究」の論文に沿って記載すると、一行はサンフランシスコで羊毛紡績工場、企業、学校などを見学して、一二月二二日サクラメントに至り、議院、市政庁、製鉄工場、新聞社などを訪ねている。

そこからソルトレークシティーで学校、裁判所、劇場を訪問したあと、練兵を見学している。一月二四日、同地を出発し、オハマ、シカゴを経由してワシントンに到着したのは翌年一月二一日である。

この間、役割にしたがって、田中不二麿などは小中学校をはじめ教育制度を熱心に調査研究をおこない、アメリカがこれほど発展を遂げつつあるのは教育制度が充実しているからだと調査報告書に記載している。

条約改正への錯覚

ワシントンに着いた一行は、一月二五日にホワイトハウスを訪ねてグラント大統領に謁見している。そして各地における予想以上の歓迎から、使節団は本来予備交渉のつもりであった条約改正が可能と錯覚し、二月三日から国務長官フィッシュ相手に改正交渉をはじめることとした。アメリカで交渉が成功すれば、ヨーロッパ諸国とも条約改正を順次行なう予定に変更したのである。

この案は、副使伊藤博文と、駐ワシントン代理公使森有礼が提案したのであるが、外交にかけては海千山千のアメリカもヨーロッパ諸国も、すぐに応ずるほど甘くはなかった。

ところが軽率なところのある伊藤の言に、慎重な大久保が同調し、改正交渉に入った。だが、使節団一行が全権委任を受けていなかったことを見破られ、国務長官フィッシュに天皇の委任状を持参しているか、と詰問された。大久保らは「我々はつねに天皇の親任を受けているから別に委任状を持たずとも同じである。そのうち本国から取り寄せるから我々を信じて交渉をされたい。」と言い張ったが、先方から「これは国際法規に関わる問題であるから交渉するわけにはいかぬ。」と一蹴され、結局、交渉を中断し、大久保と伊藤が委任状を取りに一時帰国することになった。

ところが留守政府では、外務卿副島種臣や寺島宗則などが強硬に反対し、紆余曲折を経た後、ようやく委任状を受け取ることができたが、アメリカとの交渉は難航した。そのうち木戸が慎重論に変わるや、岩倉もまたそれに追随した。その結果、条約改正はいまだ時期尚早であるとされ、失敗に終わった。さらに、この改定交渉を通じて木戸と大久保、伊藤の関係は一層悪化することになる。

この結果、使節団一行は予定を大幅に遅らせ、アメリカに七ヶ月間も滞在を余儀なくされ、大久保、伊藤は肝腎のアメリカ視察を四ヶ月も棒に振ることになる。

一八七二年七月一四日、一行はボストンから太平洋を渡り、ロンドンに到着した。実は使節団にとって新興国で政治形態も、国情も、地形も異なるアメリカ大陸では近代化された工場群、造船所、整然と計画された広大な都市などは、驚きはあっても参考になったか疑問である。最も、日本がいかに遅れた後進国であることに覚睡されたとすれば、それなりに意義は見出せたとも考えられないわけではないが。

ところでロンドンに到着はしたが、ヴィクトリア女王はスコットランドへ避暑に出かけている最中であった。それやこれやで使節団諸外国回覧は一二カ国の全日程一〇ヶ月半の予定が実際には約一年一〇ヶ月と倍以上に延長される結果となった。

日本とイギリスの関係

ここで幕末から明治にかけて日本の近代化に最大の影響を与えたイギリスについて、その交流の歴史をひもといてみることにする。

日本に最初に接触したイギリス人は、ウイリアム・アダムス（一五六四～一六二〇）とされている。彼は日本名を三浦按針という。按針とはポルトガル語で航海士の意味である。

アダムスが日本にくることになったのは、一五九八年（慶長三年）六月、オランダが派遣した五隻からなる艦隊に航海長として乗り組み、東インドに進出して商品の販路拡大に乗り出した際、来日したのである。

彼が乗船したリーフデ号は暴風雨に遭い、一六〇〇年四月一九日、豊後に漂着した。一行は暫くその地において庇護を受けていたが、徳川家康はその噂を聞くと興味を抱き、アダムスら三人を大阪に召喚した。そこで家康はスペインやポルトガルのこと、信仰、国情などについて質問した。

この頃、日本と最も関係が深かったのは、南蛮人と呼ばれたスペイン、ポルトガルであった。それは宣教師がキリスト教布教のため来日していたからである。有名なルイスフロイスは織田信長に寵愛され、日本についての地形、風俗、国情などについて記録しているが、特に信長について強い興味をもっていた。彼は信長のことを「背が高く、筋肉質で思考方法は人並み以上に優れている。」と書き残している。そして信長に地球儀をみせて説明したところ、たちどころにその内容を理解した、とある。

信長と緊密な同盟関係にあった家康も、側にいてフロイスなどポルトガル人に興味をもっていたのであろう。

アダムスは自分がイギリス人であることを説明し、家康から来航したルートやイギリスの国情、国際関係、家畜、気候等について質問された。アダムスの対応は時宜を得ており、家康をいたく感動させた。以後、関ヶ原の役で勝利を収めた家康はアダムスを重用し、相模国三浦郡に二五〇石の領地を与え、相談役とした。彼は家康に外交上の意見を述べたり、幾何、数学を教授するなど指南役の役割を果たしていた。

以後、家康はアダムスを通してイギリスと生糸取引を行うなど、彼に交易に従事させていたが、貿易はオランダと競合関係になるなど複雑な様相を呈してきた。また、スペイン、ポルトガルは布教を通じて外国を侵略する手法をとる、などの噂が流された。（事実である）危機感を抱いた三代将軍家光は一六三九年（寛永一六年）から鎖国制度をとるようになり、日本人の海外渡航を禁じ、通商はオランダ一国に限定、かつ、長崎の出島に限るとされた。以後、ヨーロッパ諸国との通商は一八五四年（安政元年）までの二一五年間閉ざされるのである。

その後、「イギリスは一六六四年、一七九一年、一七九六年、一七九七年と商船を日本に送り、一八〇三年（享和三年）には東インド会社の商船フレデリック号を日本に派遣し、通商を求めたが、幕府から拒否された。」（日本とイギリス　交流の四〇〇年　宮永孝著　山川出版社）

一八三五年夏、日本人漂流民がイギリス船イーグル号に救助され、カナダ、ハワイを経てロンドンに足を踏み入れることになった。彼はロンドンの地を初めて踏んだ日本人第一号だと言われている。

以後も漂流民がイギリス船に救助されるなどのことはあったが、イギリスと最初に政府間交渉があったのは、幕末の一九六二年（文久二年）四月三〇日の幕府公式使節団のイギリス派遣である。

竹内使節団イギリスへ

徳川幕府の正使、竹内下野守（勘定奉行兼外国奉行）、副使松平石見守（神奈川奉行兼外国奉行）京極能登守以下総員三六名が、四月三〇日にイギリスのドーバー港に上陸した。

彼ら一行の訪英の意図は、幕府が一八五八年（安政五年）に日米修好通商条約を結んだのに続いて、英、仏、蘭、露とも同じ内容の条約を締結したが、その条約により江戸、大坂、新潟、兵庫の開港を迫られていた件に対する延期交渉のための訪問であった。

幕府は条約締結により、開港をすることにはなったが、尊王攘夷派の激しい反対運動に遭い、攘夷実行を約束させられ、開港は困難になってきたのである。これは国際ルールからすれば約束違反も甚だしい行為であり、幕府の権威失墜につながること確実な出来事であるが、それにもかかわらず、老中安藤信正は開港延期を決断せざるをえなかった。

そこで条約を締結した英、米、仏、蘭、露五カ国に使節を派遣して、次のような点を挙げて延期を懇請することとしたのである。その内容は

① 貿易開始に伴う物価騰貴の緩和　② 外交に関する国民の不満解消

③ 騒乱の危機にある時局の救済　（前掲　日本とイギリス　日英交流の四〇〇年　山川出版社）

などである。

幕府派遣団の要請について、イギリス公使オールコックは一応承認したが、以後幕府を信用することはなく、長州攘夷戦争や、薩英戦争後、幕府とは縁を切り、薩長と連携を深めることになるのだか

ら約束違反をした幕府の代償は余りにも大きすぎた。

幕府ではこのとき、それ以上の代償として治外法権などとんでもない不平等条約を結ばされた。以後、明治二七年七月一六日の日英条約改正に続く各国との条約改正まで日本は不利な条件に悩まされ続けることになるのである。

竹内視察団は最初フランスに行き、交渉をおこなったが、軽く一蹴された。そこで日本に最も影響力をもつイギリスに渡り、交渉を開始すると同時に、西欧文明の調査研究に入ることとして四月三日からイギリス各地の主要な施設、工場などを見学して歩いている。

以下、前掲の（日本とイギリス交流の四〇〇年）から主要なポイントを抜粋してみると、ロンドンでは万国博覧会場、国会議事堂、ロンドン・ブリッジ駅、兵器工場、電信会社、ロンドンドック、ウーリッジ海軍工廠、セントメアリー病院、王立造幣局、大英博物館、練兵場などであり、その間にイギリス外務省を訪問し、幕府からの国書を奉呈している。また、オランダを始め各国公使館を表敬訪問も行っている。更に、余程感銘を受けたのか、イギリスで開催された第一回万国博覧会には合計五回も足を運んでいるのが特徴である。

北イングランドではニューカッスルにある炭坑、リバプールの造船所、市役所、バーミンガムのガラス工場、銃器工場を見学し、再度ロンドンに帰りバッキンガム宮殿、セント・ジェームス公園、ポーツマス軍港、イギリス外務省、砲兵工廠、ロンドン塔、動物園などを五月一三日まで巡り歩いている。

この間約一ヶ月の日程であったが、その合間を縫って予備交渉や本会談を含めて竹内らはイギリスのラッセル外相らと開港延期問題について交渉をおこなっている。

ラッセル外相は、駐日公使オールコックの帰国を待って協議した結果、日本における市場拡大を実現するためには開港延期もやむなし、と判断し、新潟、兵庫の開港と江戸、大坂の開市を向こう五年間延期することに同意した。

ところが前述したように、この同意にはとんでもない付帯条件がついていたのである。その内容は現行条約の遵守、関税の軽減、保税倉庫の設置、日本でイギリス人が問題を起こした場合のイギリスでの裁判を行う権利、外国人と日本人の自由交際禁止撤廃など諸条項である。

五月九日、日英双方の代表はロンドン議定書に調印した。イギリス外相ラッセルは、その全文を仏、蘭、普、露、ポルトガルの各国公使に送り、各国政府もこの覚書に同意するよう希望する、と通告した。

この頃、世界随一の国力を有していたイギリスには、各国とも従わざるを得ず、開港、開市延期に同意した。この交渉は一見成功したかにみえるが、日本はかえって老練なイギリス外交に手玉に取られ、不平等条約締結という甚大な損害を後世に残すこととなった、というのが実状である。

とにかく、この頃の幕府首脳は外交交渉では、責任逃れと、難問先送りに終始するなど、責任をもって事にあたろうとする明治政府高官とは、気概において大きく劣っていた。

以後も一八六五年（慶応一年）五月には幕府の産業視察団一行一〇名が、イギリスに産業情勢等の調査研究に訪れ、国防上必要な各種の兵器や機械を見聞し、更に造船所や砲兵工廠などを綿密に調査している。

幕末の英仏関係

二一五年の長きにわたり、鎖国を続けていた江戸幕府に最初に開国を迫り、日米和親条約を締結させたのはアメリカ海軍のペリー提督であり、ハリス公使であった。だがそのうちアメリカは一八六一年から一八六五年のかけての四年間にも及ぶ南北戦争の勃発で、外交交渉どころの騒ぎではなくなり、替わって登場したのがイギリスとフランスである。

一八〇〇年代半ば、世界の覇権を争っていたのはイギリスとフランスである。これらの国は世界各地で植民地争奪戦を繰り広げる一方、利害によっては同盟を結んで、清国への進出を図るなど帝国主義時代への突入期にあった。

日本へもアメリカに遅れて市場開拓に参入してきたが、なかでもフランス駐日公使レオン・ロッシュは幕府に巧みに接近し、緊密な関係を築くことに成功した。折から、幕府の軍制改革に意欲を燃やして取り組みつつあった一橋慶喜は、幕府歩兵部隊に洋式訓練を施すべく、フランスにその範を得ようとした。

ロッシュ公使の仲介で、フランスから軍事顧問団を招いた慶喜は、強力な幕府歩兵軍団を創設するなど、フランスと親密さを増していったが、これを快く思わなかったのがイギリスの駐日公使オールコックであり、後任のパークスであった。

パークスは帝国主義特有の砲艦外交を得意とし、威圧的な態度をとることで有名であったが、この時も幕府が横須賀に造船所建設を計画する際、フランスに設計、建築を依頼するに及んで怒りを露わにした。

そこで困惑した幕府は、パークスの怒りを和らげるため、軍事教官招聘を打診するという徳川幕府得有の二股外交を展開したのである。勿論、幕府はそれ以前にフランスから軍事教官を招聘する協議をほとんど終わらせていた。

一方、イギリス側においてもパークス公使は幕府要人と接触するなかで、その信用性を疑いはじめていた。そこへ折から攘夷戦争でその近代軍事力の偉大さを痛いほど知らされた薩長が攘夷論を捨て、開国論に藩論を固めてイギリスに接近しつつあったのを受けて幕府を見限り、薩長に肩入れすることとした。

イギリスと薩長接近は、パークスの通訳で、大の親日家であるアーネスト・サトーの力に負うところが大きい。サトーが懸命にパークスを薩長側に引き寄せた、と言われる。

アーネスト・サトーには「一外交官の見た幕末の日本」という著書もあり、克明に幕末の状況を記している。反対に、日本人がサトーの活躍を著した書籍に「遠い崖　朝日選書　荻原延寿著」が名著として知られている。

そしてサトーの友人で、武器商人として西南雄藩の薩長に肩入れをし、彼らをして倒幕に成功させた立役者にトーマス・ブレイク・グラバーがいる。グラバーが明治維新政府樹立に貢献した点については大きな意義があるので簡単に触れておく。

グラバーは船舶仲介会社に勤務し、そこで商売の修行を積んだ後、上海に渡りマゼソン商会で貿易業務の事務経験を積んだ。

一八五九年（安政六年）九月、長崎に来航し、グラバー商会を設立。最初は日本の生糸、茶、銅などを扱っていたが、やがて諸藩に需要が高いとみて銃器、弾薬、艦船など軍需物資を扱うようになった。特に、伊藤俊輔（博文）、井上馨、山尾庸三ら長州人と親しく、坂本竜馬の仲介で長州では幕府から禁止され、買えなかった武器を薩摩藩名義で購入し、長州に転売するという離れ技を展開し、倒幕の大きな力になっている。

徳川昭武の訪欧

さて、話は前後するが、岩倉米欧視察団に先駆けて西欧諸国を訪問したなかで、幕府最大の地位にあった人物の訪欧は、一五代将軍慶喜の実弟昭武である。昭武はフランス政府からのパリ万国博覧会招待に応じて慶喜の名代としてフランスに派遣された。

昭武はパリ博覧会を見学後、西欧諸国を親善訪問し、その後は数年間の留学生活に入り、ヨーロッパ文明を見聞するとともに、自然科学、経済等諸制度を調査研究する予定も含めて渡仏したのである。ところがフランスと海外で張り合っていたイギリスは、日本においてもパークスとロッシュが激しい競争を繰り広げており、これが昭武の訪欧にも影響を与えることとなった。

「前掲　日本とイギリスの交流四〇〇年」から引用すると、パークスはプロイセン公使館通訳官アレクサンダー・フオン・シーボルトにパリまで同行を依頼したという。そして

「イギリス政府のスパイとして昭武一行の船に乗り込んだシーボルトは、公子をはじめ、向山公使や守り役の山高石見守ら側近をまんまと丸め込むことに成功した。—中略—シーボルトの作戦はうまく功を奏した。ヨーロッパ到着後、向山と山高は反仏に傾き、親英色をはっきり見せ始め、あとからやってきた親仏派の栗本公使との間で数々の内輪もめを生んだ。

一八六七年九月三日（慶応三年八月六日）、昭武は随員らとともにパリを後にし、スイス、プロイセン、オランダ、ベルギーを経て九月一二日、パリに戻った。—中略—その後イギリスを訪問するが、これは儀礼で、同国と友好親善を尽くすことにあったが、向山公使の任務は、江戸からの訓令に基き日本の国家形態についてイギリス側に説明し、その理解を得ることであった。』以降、前掲書により昭武主従の訪問、視察地を記すと次のようになる。

国会議事堂　一一月八日、ウインザー城（女王に拝謁）一一月九日、タイムズ社、武器庫、銃砲店一一月一〇日、王立造兵敞一一月一一日、　図書館、外務省、海軍省一一月一二日、水晶宮一一月一三日、大砲試射場一一月一四日、イングランド銀行一一月一五日、ポーツマス軍港一一月一六日、ポーツマス軍港、造船所、艦船一一月一七日、軍事演習、兵舎（アンダーショット）一一月一八日、造船所（テームズ河河口）一一月一九日、という日程になっている。これをみるとかなりな強行軍であることが分かる。

それに昭武ら一行は首都ロンドンの発展ぶりに驚いてはいるが、ロンドンの寒い気候、一日中たれ込める濃霧、といった不健康な気候にはつくづく参った様子である。

さて、日本とイギリスの交流関係を江戸幕府開祖の家康時代から概略述べてきたが、徳川昭武までが徳川幕府としての公式使節団である。昭武は親善訪問後も留学の予定であったが、慶応四年一月、鳥羽伏見の戦役で徳川軍が敗れ、幕府が崩壊したので帰国を余儀なくされた。以後は明治四年一一月の岩倉使節団米欧派遣につながっていく。

議会制と帝国主義の国イギリス

使節団一行は、ロンドンを皮切りに七月一四日から一一月一六日までの四ヶ月間をイギリスで過ごすことになるが、この頃イギリスはビクトリア女王治世（一八三七年〜一九〇一年）で、「世界の七つの海を支配する」といわれていた。

また、その首都ロンドンは世界の政治の中枢であることは勿論、金融、商業、産業面においても中枢機能を占め、人口も百数十万人を数える世界随一の大都市であった。

幕末から明治にかけて、ドイツよりも早くから日本に大きな影響を及ぼしたのはイギリスである。イギリスは一七五〇年代から一九〇〇年代初期にかけて、約一五〇年以上に及ぶ黄金時代を築くが、なかでもビクトリア女王時代がイギリスの最盛期であった。イギリスはフランスのナポレオンの大陸制覇の戦争で、ヨーロッパで唯一敗戦を喫しなかった国である。そしてナポレオンの野望を挫いてからはロシアと対峙し、フランスとアジア、アフリカ、カナダ等で激しい植民地抗争を繰り広げながらも、これらに打ち勝ち、大英帝国は絶頂期にあった。

イギリスの繁栄をもたらしたのは、何よりも他の西欧諸国に先駆けてアンシャンレジームなど旧体制を打破し、産業革命を成功させたことに尽きる。国土が狭い割には豊富な石炭、鉄鉱石、非鉄金属など天然資源に恵まれ、綿職物工業などの発展は蒸気機関の発明とともに、他の重工業発展の余力を生みだし、世界の工場と呼ばれていた。

リバプールには世界最大の最新鋭造船所が建設され、イギリス産業革命発祥の地である工業都市マンチュスターには木綿工場が、グラスゴーやニューカッスル、シェフイールドには製鉄所が、バーミンガムにはビール工場とガラス工場、チエスターには製塩工場など大工場が軒を連ねている。さらに、緑と牧場に囲まれたスコットランドにも、その首府エジンバラには巨大な製紙工場が建設されるなど、同国の近代工場群が富の源泉であった。

イギリスは産業革命の結果生じた工業製品を、一八五一年第一回万国博覧会を開催することによって、その実力を余すことなく世界に喧伝した。

これら工業製品を効率よく運搬できたのは、国内全般にわたっての道路、運河、鉄道網敷設による交通体系の整備充実によってである。

イギリスはこれら品質のよい工業製品を、国内においてはよく発達した交通機関で安価で大量に運搬し、海外に向けては世界随一の造船、海運力によって輸出を伸長させ、莫大な利益を上げていた。

それは単に純粋な貿易行為によるだけでなく、強力な海軍力を背景に植民地に対し、武力をもって不当に高く売りつけるなどの行為により利潤を得ていたのである。

その代表例が、清国からの紅茶など西欧人が好む物産の代金を、金貨で払う代わりに、植民地であるインドで生産されるアヘンをもって支払っていた。

その行為が、自国民を退廃させると危惧した清国政府の硬骨な欽差大臣林則徐は、アヘン焼却政策にでた。すると、イギリスはこれを好機として言いがかりをつけて戦争に持ち込んだ。一八四〇年から始まるアヘン戦争である。そして一八四二年、イギリスは近代軍事力によって勝利を収めると、交易上重用な位置にある香港を清国から割譲させ、九九カ年条約を締結し、植民地化してしまった。

一八四〇年代以降における自由貿易、低関税政策は、ロンドンをして金融及び海運業の世界の中心地としての地位を固めさせたのである。

イギリスの海運業は世界最大で、貿易で獲得した資本はアジア、アフリカなどに再投資され、それがさらに大きな利潤を挙げることにつながった。そして海外における権益が損なわれそうになると世界最強のイギリス艦隊が圧力をかけ、権益を保護した。

このように、イギリスでは政治と軍事と商工業、貿易が一体となって効率よく組織的に運用されていたのであり、これが同国をして世界制覇をなさしめる要素となったのである。

このようなイギリスの世界戦略のなかで、最大のライバルは最初はフランスであり、世界各地で植民地獲得競争に明け暮れていた。一九世紀に入り、フランスがナポレオンの敗戦により、また、新興国ドイツに押されはじめ、力を弱めてからは、代わって南下政策を取り始めた帝政ロシアが最大のライバルとして浮上してきた。

ヨーロッパ列強は植民地獲得を巡って利害が輻輳していた。イギリスのかってのライバル、フランスとはロシアの南下政策が強まると結束した。一八五四年、ヨーロッパとアジアを結ぶ拠点にある老大国トルコを戦略拠点として位置づけ、英仏は連合軍を組み、トルコを支援するとしてロシアを相手に戦端を開いた。クリミア戦争である。

この戦争は、「会議は踊る」、と命名されたナポレオン敗戦後に、フランス処分が話し合われたウイーン会議以後、長いこと戦争がなかったヨーロッパにおいて久し振りに行なわれた本格戦争であった。クリミア戦争で英仏連合軍が勝利を収めた時点で、イギリス本国の人口は四、一九〇万人であったのに対し、カナダ、インド、オーストラリアなど「イギリス連邦」を構成する植民地諸国の総人口は三億一千万人に上っていた。

イギリスの通商路など世界戦略路線上にあるのはインドと中央アジアである。この点、中央アジア及び清国進出を狙うロシアは最も警戒すべき競争相手であった。このイギリス、ロシアの対立は、後年、日本と深く関わり合うこととなる。

岩倉使節団一行がイギリスを訪問した時期は、丁度《ちょうど》ビクトリア女王治世下で、首相は小説家としても著明なデズレイリーであった。

イギリスの全盛期にはそれに相応しく、歴代有能な首相を輩出している。同国が台頭し始めた初期の宰相はウオルポールで、繁栄の基礎固めは親の大ピット（在任一七六六〜六八）、その息子の小ピット（一七八三〜一八〇一）がおこなった。ナポレオンを撃破したウエリントン将軍も戦後、内閣を組織している。

さて、デズレイリーには最大のライバルとしてグラッドストーンがおり、イギリス全盛期にはパーマストンを加え、三人で政権を担ってイギリスを繁栄に導いている。

保守党党首デズレイリーは、文人という名にふさわしくなく、植民地政策に非常な力を入れている。

彼はインドを完全な植民地とし、イギリス連邦に加え、ビクトリア女王をインド皇帝に就任させている。

一方、同時代に最大のライバルとして四期にわたり自由党を率いて内閣を組織し、一五年間という長期間政権を担当したグラッドストーンは、新興階級を背景に、新たな権力層を形勢した自由党党首として選挙改革や政治腐敗防止法成立に尽力した。彼は古典派自由主義者として、その施策は平和主義を基盤とした。イギリスの全盛期に、ロスチャイルド財閥と結びついた保守派デズレイリーと、自由主義を掲げるグラッドストーンが交互に政権を担ったことは、ドイツや日本のように極端な中央集権化を防ぎ、国際政治面で大きな敵を作らなかった要因ともなっている。

このような政治状況下におけるイギリスに岩倉使節団一行は上陸したのであり、一行は日本と同じ島国でありながら発展を続けるイギリスに、新政府首脳は大きな興味を抱いていた。

ところが岩倉使節団一行は、資本主義国として繁栄しているイギリスを間近にみて大変な衝撃を受けた。特に鋭敏な大久保はその富強の源泉は、蒸気機関の発明による工業力と商業、貿易にある、と痛感した。（前掲大久保利通　松原致遠著）を要約すると、

「私のような年取った人間はこれから先のことはとても分からない。もう時勢にはついていけないから引くしかない。」と、剛毅な大久保にしては弱気なことを同行の久米邦武に語りかけたという。久米は「鎖国攘夷の日本から、急に欧州の文物を見て応接毎に驚いた為に、国家の前途を憂れうる公には、いろいろな感慨が胸中を往来したことであろうが、この言葉を漏らされたことからみても、公の気持ちが分かるような気がする。」と、大久保の心境を語っている。

剛毅な大久保も彼らしくもない弱音を漏らしているが、内心では日本も同じ島国、イギリスに負けないような近代国家建設を心掛けねばならぬ、と心中誓ったであろうことは想像に難くない。

その後、一行は一一月五日、休暇からロンドンに戻ったビクトリア女王とロンドン郊外のウインザー城で謁見することができ、天皇の国書を奉ることができた。

使節団一行が感じたイギリスの富強の原因

使節団一行は、帰国中のイギリス駐日公使パークスの案内で各地を見学して歩いたが、一行が最も関心を持ったのは、同じ島国で地理も人口も似通っているイギリスが、いかにして「七つの海」を支配する大帝国を築き上げ得たか、という点である。

その結果、イギリスは貿易国であり、その基礎をなしているのは高度に発達した工業力にあることを喝破した。それは（特命全権大使米欧回覧実記　久米邦武編集　田中彰校訂　岩波文庫）にみられるように

「船舶ヲ五大洋に航通シ、各地ノ天産物ヲ買入レテ、自国ニ輸送シ、鉄炭力ヲ借リ、之ヲ工産物トナシテ、再ビ各国ニ輸出シ売与フ」という記述に現れている。

大久保らは、この資本主義国家の各地に所在する大工業地帯に圧倒された。岩倉一行は、ここに富強の要因があるとして日本をいかに近代化させるかに思いを巡らせたのである。

この時点では、使節団一行はイギリスを模範とすべく考えていたのであるが、その後ドイツを見学

することによって考え方は大きく変わってくる。

それはさらに、イギリスの政治形態を学ぶことによって決定づけられる。イギリスの政治が余りにも議会政治に重きを置きすぎ、自由主義を党是とする自由党と、帝国主義の政策をとる保守党が交互に政権を担っていることに、天皇中心の立憲君主制を意図する一行は危惧を感じたのである。

イギリスの政治制度については、左院視察官安川繁成が三一回に及ぶ英国議事院見聞の「英国政事概論」に詳細に記述されている。

フランスでの見聞

一一月一六日、使節団一行は四ヶ月間に及ぶイギリス視察を終え、同日、フランスのカレー港に入港するや、同日にはすぐにパリに向かって出発していた。

幕末、フランスは徳川幕府と深いつながりがあり、フランス公使レオン・ロッシュは幕府に軍事顧問団派遣を紹介したり、薩長との雲行きが険悪になると、イギリスの公使パークスに対抗して幕府に武器供与を申し込むなど、内乱を助長するような動きがあった。

明治陸軍も幕末からのこの流れを引き継ぎ、軍制も最初はフランス式であり、山縣有朋、川上操六、桂太郎などによりドイツ式軍制に改編された後も、引き続きフランス式軍制も長いこと併用されていた。（知謀の人　田村怡与造　篠原正人著　光人社）したがって、明治陸軍首脳にも谷干城、三浦梧郎、曽我裕準などフランス系将官が勢力を保持していた。（谷、三浦は月曜会事件で陸軍を追われることとなる。）

一八七一年、普仏戦争においてフランスはプロイセンに敗北を喫していたから、岩倉使節団が訪仏した一八七二年は敗戦の翌年であり、かっての大植民地帝国としての勢いはなかった。

それでも敗戦後、テイエールはパリに立てこもっていた革命勢力、パリ・コミニューンを制圧し、大統領に就任してフランスを再建すべく、懸命に取り組んでいた。彼は有能な指導者としてすでに著名であり、一行も大きな興味をもち、会見を大いに楽しみにしていた。テイエールに会見したのは一〇日後の一一月二六日のことである。

テイエールについて「前掲　政事家　大久保利通」では、大久保は西徳治郎に宛てた書簡のなかで「パリ・コミニューンを断然不撓圧制したテイエールは、さすが豪傑であり、彼の存命中フランスは、持ち留まるであろう」、と書き送っている。また、同郷の陸軍首脳大山巌に宛てた手紙では、「テイエールが壮にして制圧したことは実に感服した」と書き送っている。民衆制圧を高く評価している点、武断家大久保らしい印象である。

フランスはこの頃から芸術の都としての印象が強かったとみえる。使節団一行は、イギリスでは主に各種工場、造船所、製鉄所など、近代科学工業の現場中心であったのに対し、フランスではベルサイユ宮殿、ノートルダム寺院、パリ市内の寺院、庭園、博物館など文化、芸術関連の名所を見学して歩いている。使節団一行は、イギリスとフランスの違いを、前者の重厚さに比べ、後者は軽薄であると感じている。

フランスには一一月一六日から翌年二月一七日まで滞在し、同一七日から二四日までベルギーのブリュッセルに八日間滞在したのち、二四日から三月七日まで、かっての最大の友好国オランダを訪問している。同国ではハーグ、ロッテルダム、ライデン、アムステルダムを訪れている。

オランダは徳川幕府が鎖国政策をとっていた約二五〇年間にわたり、ヨーロッパでは唯一の交易国であり、この間、日本人はオランダを通じてのみ海外の文物、情報を得ることができた。特に、医学についてはオランダの日本に対する貢献度は非常に大きいと言わざるを得ない。それにオランダは西欧列強に比べ、侵略性もなく、開国まで長崎の出島という狭い一角に押し込められ、屈辱外交を強いられながらも、常に友好関係を築いてきた。

それにもかかわらず、オランダ滞在期間が僅か一一日間とはいかにも薄情な気がする。恐らく変わり身の早い日本人のこと、開国をしてみてオランダが西欧のなかでは弱小国に過ぎないことを見て取り、見限ったのかもしれない。

八　明治日本が最大の影響を受けたドイツ

ドイツの立憲君主制

幕末以来、日本が欧米列強からの影響を受けた順番からすれば、ドイツが最も遅いが、その代わり明治日本が、政治、軍事、医学、化学等あらゆる分野で最大の影響を受けた国がドイツであることは間違いない。

イギリスとは、幕末の頃から長州、薩摩など明治新政権を樹立した中心勢力と密接な関係があり、その後も議会制度や政治面でも影響を受けた。また、軍事面でも日英同盟を締結し、皇室関係でも交流を深めるなど、日本に及ぼした影響や関係は非常に強かった。

それでもなおかつドイツから受けた影響は、基本となる政治制度、軍政改革といった日本の国体に関する根底の部分において最大である。さらには、第二次世界大戦を引き起こす要因となる軍部独裁体制など、その影響力は計り知れないほど大きいといわざるを得ない。

アメリカ、イギリス、フランス、ベルギー、オランダ等を歴訪した使節団一行も、政治体系については共和制を執るアメリカは論外として、最初は世界最大の先進国で、かつ、国王を推戴し、立憲君主制をとるイギリスを模範としようとしていた。

ところが実際にイギリスの政治形態をつぶさに見学すると、立憲君主制ではあるが、議会の勢力が強く、実際に政治を行っているのは議会、さらにそこから選出された首相であることが判明した。

明治の指導者層としては、割合柔軟な考えをもっていた木戸はともかくとして、大久保や伊藤はこのように議会の力が強すぎては困る、と判断した。後年、議会政治を政治運営の基本とし、自ら政党（政友会）を結成し、官僚主義の山縣と鋭く対立することになる伊藤博文にして、この頃はこのような考えであった。

大久保は外交官西徳治郎（彼はロシア留学中であった）に、要約すると次のような手紙を書いている。それは「アメリカ、イギリス、フランスなどはすでに調査を終えているが、この三国はいずれも開化登ること数層にしてとても及ぶところではない。そこへいくとプロイセンとロシアには参考となる点があると思われるので、ロシアの政体、地方官の規則を調べてもらえないか。」（前掲　政事家大久保利通）概略、このような趣旨である。

プロイセンの歴史

ベルギー、オランダを経由して三月九日、一行はドイツのベルリンに到着した。ドイツはヨーロッパ中央部に位置するが、中世の昔から三〇〇余の諸邦、都市に分裂しており、そのなかでもドイツを統一することになるプロイセンはドイツ最北端に位置し、一五二五年、プロイセン公国として発足後も、長い間隣りの大国ポーランドの支配下にあった。

その支配下から脱し、プロイセン公国として独立したのは一七〇一年一月一八日、軍人王と呼ばれるフリードリッヒ・ウイルヘルムが戴冠式をあげて以来のことである。プロイセンの特徴はその発足時の経過からも分かるように、小国ながら隣国との競争に明け暮れざるを得ない宿命を負わされており、軍事国家としての性格を強めざるを得なかった、ともいえる。

そのため、プロイセンの財政、経済、政治も軍を中心に構成されており、「軍隊あっての国家」、という変則な国家形態であった。したがって、中世から近世にかけての欧州諸国が傭兵制を採っていたのに対し、プロイセンはフリードリッヒ軍人王傘下に八三，〇〇〇人の常備軍を有していた。さらに戦時には二一万人を数え、国家予算の4／5を軍事費に費やしていたという。（プロイセンの歴史　セバスチャン・ハフナー著　川口由紀子訳　東林書房）

この小さな国が軍事強国とならざるを得なかった要因は、ハプスブルグ家の支配するオーストリア、また、フランス、ロシアという大国に挟まれて、常に軍事圧力を受けていたという地形も大きく関係してくる。

この点、徳川幕府の鎖国政策により、三〇〇年近くの泰平を謳歌していた日本とは大きく事情は異なる。この間、外国との接触、交流も大規模な戦争もなく、外敵の侵略を受けることのなかった日本は、科学技術、政治、経済機構は勿論のこと、軍事技術においても西欧諸国に大きく遅れをとる結果となった。

一七五一年の対オーストリア戦に勝利を収めてから、暫くの間、プロイセンは大規模な戦争から遠ざかっていたが、一八〇〇年代に入り、フランス革命の結果、ナポレオンが登場し、大陸制覇に乗り出すと、成長途上にあったプロイセンは手痛い打撃を受けることになる。

一八〇六年八月、首都ベルリンの隣りイエナの戦場で、プロイセン軍はフランス軍に敗北を喫し、一〇月二五日には首都ベルリンを明け渡す、という辛酸を味わい、そのうえ賠償金一億一千四〇〇万フランを支払わされ、国力は大きく疲弊した。また、兵力は四万二千人に制限された。

この頃、プロイセンは軍事に莫大な財源を注ぎ込んでいたから、国土も狭いうえに経済は停滞し、住民生活も貧困であり、欧州の大国イギリス、フランス、ロシア、オーストリアなどに比べると、はるかに弱小国であった。

そのプロイセンも、敗戦を期に俄然民族意識が高まりをみせ、永年の宿敵フランスに対し復讐を果たすべく、国力の充実に乗り出すのである。有名なドイツの哲学者フイヒテの「ドイツ国民に告ぐ」という言葉はこのとき発せられ、国民精神を大いに鼓舞した。

一方、軍部においてもグナイゼナウ、シャルンホルスト、ブリユッハー等が、フランスに対する即時開戦をウイルヘルム三世に強く迫っていた。それに戦力も「後備軍」と「国民軍」が編成されて、プロイセン軍の動員能力は敗戦時の四倍に増強されていた。

大陸制覇に向けて連戦連勝を続け、得意の絶頂にあったナポレオンも、ロシア遠征を企図して一八一二年、モスクワ近くまで攻め寄せながら、ロシア軍得意の焦土作戦と冬将軍の到来にフランス軍は敗れ、祖国へ逃げ帰った。

この作戦を考え、ロシア軍に提言したのは、弱体なプロイセンに愛想を尽かせ、ロシア軍に入隊していたグナイゼナウであったと言われている。

翌一八一三年一〇月、プロイセン、ロシア、オーストリア、スエーデンは同盟を締結し、ナポレオン軍と対峙した。同盟軍五〇万、フランス軍四〇万の大軍である。ナポレオンが一国でこのような大軍を動員できた理由は、国民皆兵制度を採用したからである。それまで、どこの国でも傭兵制度をとっていたから、動員数には限界があった。それに傭兵には愛国心はなかったから、形勢が不利になると、徹底抗戦は避けた。また、近世までの戦争は、金で雇われた軍人同士の戦いであったから、国民を巻き込むことは少なかった。その戦争体系を一変させたのが、ナポレオンの国民皆兵制度である。

だがよく言われるように、国民皆兵制度はナポレオンの独創によるシステムではない。すでに一七五〇年代に、プロイセンの軍人王フリードリッヒがこの制度を採用していたが、プロイセンの国家規模が小さかった為に動員能力に限界があり、脚光を浴びなかったに過ぎない。

ナポレオンは一六日、全軍をライプチヒに集結させ、プロイセン軍に総攻撃をかけた。だが、この時期になると、軍事の天才ナポレオンといえども、余りにも巨大化した軍団を一人で指揮するには限界にきていた。一八日、同盟軍の総攻撃に遭い、フランス軍は敗北を喫したが、それでもなお余力は残されていた。

ナポレオン戦争の帰趨を決定づけたのは、スペイン戦線で、イギリスのウエリントン将軍がフランス軍を撃破したときに始まる。ナポレオンの敗因は、戦線を拡大し過ぎたのと、全ヨーロッパを敵にしたこと、さらにはナポレオンが指揮する戦線以外では有能な将軍がおらず、思うような戦果が挙げられなかったことに起因している。これはナポレオンが自れの能力を過信し過ぎ、各地の軍団を指揮する将軍には、有能な指導者よりも身内を登用した結果でもある。

一八一四年四月、同盟軍はパリに進撃し、ナポレオンは皇位を剥奪されエルバ島へ流刑になったが、一年後、エルバ島を脱出し、皇帝に復位し、軍団を再編成してパリに向けて進撃をはじめた。

最大の山場となるワーテルローの決戦では、ウエリントン将軍率いるイギリス、オランダ連合軍に猛攻撃をかけ、一時は互角の勝負かと思われたが、遅れて参戦したプロイセン軍が加わるに及んで形勢は逆転。連合軍の勝利に終わった。

なお、不思議なことにウエリントン将軍のイギリス軍は九万五千、プロイセン軍は一一万の兵力を有していたにもかかわらず、グナイゼナウ参謀総長はプロイセン軍に、「慌てることはない、ゆっくり進撃せよ」と命じていることである。（前掲　プロイセンの歴史　東林書院）これがウエリントン軍を一時苦境に追い込んだ要因とされている。　恐らくグナイゼナウは自軍の損失を少なくし、最終戦で参加して漁夫の利を得ようとしたとも考えられないでもない。ワーテルローの会戦は、最初から勇敢にナポレオンに決戦を挑んだウエリントン将軍がナポレオンに対し、最後の勝利を収めた、という名声を歴史上に残す結果となった。

その後、オーストリアの首都ウイーンにおいて、同国の宰相メッテルニヒ主催によるナポレオン敗戦後のフランスに対する賠償問題を協議する会議が開かれた。ハプスブルグ家が支配するオーストリアは中世から近世にかけては、ヨーロッパ有数の大国であった。

この会議は有名な「会議は踊る」という表現に表わされるように、各国の利害は輻輳し、複雑な様相を呈することになる。が、それはともかく、ヨーロッパには五〇年近くにわたる平和がもたらされる結果となった。(この間、戦争がなかったわけではない。海外ではイギリス、フランスを中心とする西欧列強の激しい植民地獲得競争が行われていた。)

この平和が破られるのは、ロシアの南下政策によるトルコを巡るクリミア戦争であり、プロイセンのドイツ統一戦争であった。

ドイツ統一戦争

ドイツは、他の西欧列強がいちはやく貴族が領土と自治権を持つ封建国家体制を脱却し、国王とそれを支える強力な中央集権国家への建設を進めていたのに対し、神聖ローマ帝国以来、諸邦・自由都市に分裂していた。この点は日本の三〇〇諸侯が、徳川幕府の支配下にあるとはいえ、自治権をもって自藩を統治していたケースと似ていなくもない。また、日本には幕府の上に名目とはいえ、天皇が存在していたのと同様、ドイツも中世以来、中欧での覇権国家ハプスブルグ家が支配するオーストリアの影響を受けていた。
オーストリアはドイツも含め、国家統治機構を造ろうとしていた(大ドイツ主義)のに対し、プロイセンはオーストリアを除く純粋なドイツ人国家建設を考えていた。(小ドイツ主義)
結局、オーストリアがドイツを含めることは困難とし、一八四九年三月、ドイツ統一憲法が成立を見た。だが、ドイツの世襲皇帝に選ばれたプロイセン王フリードリッヒ・ウイルヘルム四世は「議会の恩恵による」帝位に就任することを拒否した。ウイルヘルムは折から頻発していた革命勢力と妥協することを潔しとしなかったのである。

そこで統一憲法の実施を要求し、革命を続行しようとしていた急進諸派は蜂起するも、プロイセンの軍隊に武力鎮圧されて、一八四八年から四九年にかけて、革命政権を創設しようと運動を続けていた活動は終わりを告げた。

一八五〇年代に入るとともに、これまで優位を保っていたオーストリアとプロイセンの関係が逆転した。プロイセンの工業力が急成長を遂げ、経済力でこれといった産業のないオーストリアを国力で圧倒したからである。それとともに、双方の関係にも緊張関係が生じた。

プロイセンの発展は、強い工業力を背景としたドイツ関税同盟の発足にある。関税同盟は「独立の複数の国が関税政策では一体化して統一経済圏を構成する」、という形態であり、現代における十数年まえのヨーロッパ経済共同体と同じ構造である。

それに政治面でもオーストリアが過去の栄光にしがみつき、旧態依然とした政治形態から脱却できなかったのに対し、プロイセンは国王を中心としつつも、立憲君主制統治機構の構築に成功し、近代国家に生まれ変わった事実も大きい。

ここに登場したのが、一八六二年にプロイセン首相に任命されたビスマルクである。彼は「現代の難問題を解決するのは、言論ではなく国民の鉄と血によってのみ解決される。」という有名な演説を行い、「鉄血宰相」の異名をとった。

プロイセンを発展させる原動力となったのは、地方貴族（ユンカー）であり、この点、イギリスにおいては貴族階級に代わって金融・産業資本階級のブルジョアジーが政治の実権を握ったのとは形態を異にし、ドイツに後進性を残す結果となった。

ビスマルクはそのユンカー出身の政治家であり、保守派を代表しているが、五〇年代プロイセン連邦議会を代表し、公使としてオーストリア交渉に成功を収めてから大きく頭角を現した。彼の信念は「ドイツ人は一民族であること、そのためにはドイツは分裂しているべきではなく、統一国家を形成すべきである」、という考え方であり、その方向に向かって邁進した。

一八六四年、プロイセンはデンマークと領土問題を巡って戦火を交えたが、参謀総長モルトケの卓抜した戦略で圧勝した。

プロイセンは一八六六年、長いこと分裂状態にあった北ドイツ連邦二二カ国を統一することに成功した。ドイツ連邦内で最後まで抵抗していたのは、南ドイツ連邦の主力バイエルン王国であった。バイエルンがドイツ統一に参加しない限り、真の強国としてフランス、オーストリア、ロシア等と戦火を交えることはできない。

ところがバイエルンは強硬であった。昔から独自の優れた文化、芸術をもち、ドイツ連邦に唯一所在する山岳部に囲まれているから防御には適しており、土地は富裕であった。バイエルンには、なにも北ドイツの辺境からのし上がってきた、文化の匂いもない軍事国家プロイセン如きに膝を屈せずとも、十分に南ドイツの盟主として国際社会に互していける、という自信がある。

そこで、何としてでもドイツ統一を成し遂げたいと考えたプロイセンの宰相ビスマルクは、巧妙な外交手腕を発揮して、バイエルンに独自の軍隊と外交権を認める条件で、ドイツ連邦へ加入させることに成功した。

以後、プロイセンは外交面では、北ドイツ連邦として南ドイツと緩やかな連合を組みながら、軍事面ではモルトケ参謀総長の卓抜な戦争指揮により、対オーストリア戦争を勝ち抜いていった。

だが、ドイツの真の統一を果たすには最大の強敵フランスを破らねばならない。フランスもまたヨーロッパ中央部に位置し、豊富な工業力を有するドイツが統一され、強国となることを恐れて皇帝ナポレオン三世が介入する気配をみせてきた。

そのため、ビスマルクは敗戦国オーストリアに対する賠償請求はほどほどにして、敵愾心を買うことなく、対フランス戦への準備を着々と進めていく。

その戦略とは、モルトケが考え抜いた分進合撃戦法であり、迅速な軍隊の大量動員である。それを可能にしたのが、全国にくまなく張り巡らした鉄道網活用であった。

ドイツが統一したのは、日本が明治維新を成し遂げてから、遅れること三年後の一八七一年一月、普仏戦争に勝利し、敵国フランスの首都パリのベルサイユ宮殿においてプロイセン王ウイルヘルムが戴冠式をあげた時からである。一八八〇年代のベルリンは人口八九万人、ドイツの総人口は四，九五〇万人であった。

そこで新生ドイツ帝国の構造をみると、プロイセン王国、バイエルン王国、ザクセン王国など二二の君主国と三自由市からなる連邦国家で構成されている。神聖ローマ帝国時代、三〇〇もあった大小の国がドイツ連邦では約四〇に統合され、それが二五に統合されたのである。（ドイツ史一〇項　坂井栄八郎著）

ドイツ帝国は、立法府としての国民を代表する帝国議会と、各国政府代表である連邦参議院があり、権限は後者の方が強力な力を備えていた。その連邦参議院は全票数五八の内、プロイセンが一七票で全体の三〇%に過ぎず、次いでバイエルンが六票、ザクセン、ベルテンベルグ各四票、バーデン、ヘッセン各三票、その他二一票、という内容で構成されていた。

ビスマルクの対ヨーロッパ外交及び内政

統一ドイツは、イギリスを除く西欧諸国のなかでは最大の国家となった。したがって、ドイツに対する諸国からの警戒心は強まり、下手をするとドイツ包囲網が形成される恐れもあった。特に、普仏戦争で敗れてアルサス、ロートリンゲンを奪われたフランスの復讐心は強く、首相ビスマルクはこれを恐れた。

そこで彼が打った外交の手は巧緻の限りを尽くしていた。まず、ドイツへの恐怖を和らげるため、ドイツはこれ以上の野心を抱いていないこと、そしてフランスがドイツに軍事行動を起こさせないよう、本来が同一民族であるオーストリアとの関係を修復した。

一八八二年、ドイツはイタリアも加え、三国同盟を締結し、その他諸国も巻き込んでフランス包囲網を形成することに成功した。それになによりも恐いのは、大陸諸国と一線を保ち、世界制覇に向けて着々と準備を行っている世界随一の強国イギリスであったから、これとパートナー関係を構築する必要性に駆られていた。ビスマルクはこうしてイギリスとも友好な関係を結ぶことに成功した。

次に、内政に関しては穏健派自由主義勢力とは協力関係を築いたが、批判勢力に対しては容赦なく弾圧に踏み切った。その弾圧の矛先は最初カトリック中央党に向けられていたが、それが一段落すると、折から急成長を遂げつつあった社会主義勢力へと向かい、それとの全面対決に移った。

一八七八年、ビスマルクは「社会主義者鎮圧法」を制定してこれを弾圧する一方、ドイツ帝国を強化するためには国民生活の向上を図る必要があると認識して、社会政策の充実にも力を入れた。

それら社会政策は、「医療保健法」「災害保健法」「老齢・廃失保健法」を成立させることによって実現するが、これら諸政策は、真に国民の生活を向上させるため、というより国家強化の一環として、国家に役立つ強健な国民育成の方途と考えた方がよさそうである。

このため、社会主義諸派は反対の姿勢を崩すことなく、ドイツ社会民主党に統一し、帝国議会に着々と勢力を伸張させていった。

ドイツの経済発展

ドイツが政治、社会政策面で充実ぶりをみせていたとき、同国は科学技術、医学、工学の分野でも驚異な発展をみせていた。医学面ではすでに、先進国西欧諸国の間でも最高水準にあったし、化学においても世界最高レベルに達していた。

特に、鉄鋼、機械を中心とする工業の高度な技術は、経済全体の発展を促し、世界を代表するクルップ、ジーメンスなど大企業を発展させた。また、ドイツ特有の中小企業の分野においても活発な設備投資がおこなわれ、産業界は景況感を呈していた。

その後、一八七三年から始まった大不況は九〇年代中期まで続くことになるが、低成長ではあっても緩やかな成長を続け、経済規模は格段に大きくなっていった。それから不況が終わる九五年からは第一次世界大戦まで好況期が続くのである。

この頃からドイツは、世界の工場として世界経済をリードしてきたイギリスに対し、アメリカとともに追いつき、追い越すような経済発展をみせるのである。

この経済発展の牽引車となったのは、石炭と鉄に代表される重工業であり、ドイツの石炭生産額は一八七一年〜七五年の平均三，五〇〇万トンから、第一次世界大戦直前の一九一三年には一億九千万トンに増大する。鉄鋼生産高は同じ期間に五三〇万トンから二八七〇万トンに増加をみる。

この時期になると、ドイツの鉄鋼生産高はイギリスを含む西欧諸国を引き離し、さらには電気、化学という最先端技術部門においてもジーメンスやイーゲーフエルベンという世界でも指折りの大企業が西欧の産業部門を席巻しつつあった。

それにドイツは産業だけでなく、それまでイギリスが世界に誇っていた貿易分野でも、世界最大の商船隊（一九一三年、二，〇〇〇隻、四三〇万トン）を保有するに至っており、総輸出額では同じ新興国アメリカに次いで世界第二位となった。

また、これに歩調をあわせ、産業を支える基盤となる人口も増え続け、建国時の四、一〇〇万人から六，五〇〇万人と、実に五〇％強の急激な増加をみたのである。

このドイツの急成長は、「世界の工場」といわれ、また、世界随一の海運国として君臨していたイギリスの凋落とも重なり合っていた。

このことはそれまで分裂状態にあって、海外に伸長する余力を持たなかった後進国ドイツを、イギリス、フランスと張り合って植民地獲得競争に駆り立てていくことになるのである。その結果、ドイツはその覇権主義と相まって、一九〇〇年代に入ると西欧諸国との間に深刻な摩擦を生ずることとなっていく。

岩倉使節団一行は、丁度このようなドイツ統一を、ウイルヘルム皇帝、ビスマルク首相、モルトケ参謀総長の三者がそれぞれの素晴らしい特技を活かして成し遂げた直後にドイツ訪問のため、到着したのである。まさにビスマルク得意の絶頂期であった。

九　ビスマルクとの会見とその影響

　使節団一行は、ヨーロッパ視察のなかで最大の期待を抱いて、ドイツの首都ベルリンに到着した。前述したように、イギリス、フランス、アメリカなどには文明の発達、科学技術に対する驚嘆の念は抱いても、政治の仕組みにはついていけないと感じたからである。

　その点、ドイツはヨーロッパの後進国であり、皇帝を中心とした立憲君主制の国家体制で、日本が模範とするには最適の国ではないかと考えはじめていた。

　岩倉使節団一行は三月一一日、ドイツ皇帝ウイルヘルムに謁見し、翌一二日にはビスマルク首相、ドイツ陸軍参謀総長としてプロイセン陸軍をヨーロッパ最強の陸軍に育て上げたモルトケに会見することができた。モルトケこそ、明治陸軍参謀本部の首脳川上操六、桂太郎、田村怡予造などがその教訓を受けて心酔し、その戦略の信奉者となり、日本陸軍をフランス式からドイツ式に転換させる原因を作った男である。

　そして一五日にはビスマルクから招宴を受けたが、ビスマルクは東洋の小国からやってきた一行になみなみならぬ好意を示し、懇切丁寧に一筋縄ではいかぬヨーロッパの現状と、ドイツがおかれている立場を真情を込めて吐露した。彼は使節団一行を招宴した席上で

「世界の各国は表面上礼儀を持って交際を行っているが、内実は食うか食われるか一時も油断のならぬ弱肉強食の世界である。秩序を守るために、一応ルールとしては万国公法が存在するが、それは自国に利があると認められるときにのみ守られるのであって、不利となれば平気で武力に打って出ることになる。こうした国際社会にあって、小国が自らの国権、自主権を保持していくには軍事力を有していなくては生き残れない。英仏など強国は植民地を有し、兵威を欲しいままにしており、諸国はその行動に苦慮している。

こうした英仏は信用できないのであって、日本にとって最も親睦な国が国権・自主権を重んずるドイツである。」と、熱意をもって語った。

小国プロイセンを類い希なる外交手腕と、名参謀総長モルトケの育成した軍事力とを巧みに使い分けて強国ドイツに育て上げたビスマルクは、万国公法のいいかげんさを指摘し、英仏など植民地帝国の恐ろしさを使節団に教え込んだのである。ビスマルクの「国際関係を維持していくには万国公法よりも力である」という言葉は岩倉使節団にとっては大きなショックであった。

後進国日本を欧米列強に互していくには、西欧の国際法である万国公法を遵守していくことが、新生日本の生きる道であると信じていた使節団には、西欧の国際関係の現実を知らされ、驚きとともに大きな感銘を受けた。

幕末、オランダに留学して万国公法を懸命に学んだ幕臣、榎本武揚は国際公法の信奉者であった。帰国後、日本が国際社会で生き抜いていくには貿易しかなく、その裏付けとなるのが国際公法であると信じており、新政府に最後まで抵抗したにもかかわらず、その豊富な知識を買われて明治新政府に登用され、ロシア公使、外務大臣等を歴任した。

明治政府首脳もその思考を受け継いでいたから、国際紛争もルールにしたがって解決できると考えていた。

そこで国際公法こそ、弱小国の自立と独立を保証してくれると期待をかけていたから、ビスマルクの言葉は大きな衝撃であった。だが、それは現実に隣国で、かつての強大国清国をみてみれば納得がいった。清国に対し、アヘン戦争後、英仏露など列強は不法な要求を押しつけ、それを拒否すると今度は武力をもって要求を通そうとし、戦争に持ち込む、という手法をとるのが実態であった。

そして唖然としている使節団にビスマルクは助言した。「小国が自主権を守ろうとすれば、軍事面、経済面でその実力を培わなければならない。そして、強国の論理に慷慨し、自国の経済、軍事力を振興させ、対等に強国と渡り合えるように尽力すること数十年、近年に至ってついに我が国（プロイセン）はその望みを達成することができたのである。」

実際、プロイセンは隣国のフランス、ロシア、オーストリアといった強国に挟まれ、常に苦渋を呑まされ続けてきた、という歴史がある。

この実経験を踏まえたビスマルクの演説を聞いて、一行はひどく感銘を受け、日本を強国にしなければならぬ、と心に誓ったが、とりわけ大きな影響を受けたのが大蔵卿大久保利通と工部大輔伊藤博文である。

帰国後、大久保は日本のビスマルクを標榜し、のちに、伊藤博文も自らを東洋のビスマルク、となぞらえるほど彼に心酔し、その政策を踏襲した。帝国憲法制定にあたってはドイツの立憲君主制憲法を模倣し、井上毅に制定を命ずるのである。

大久保はビスマルクに会見後、非常な感銘を受け、ドイツについても他の欧米諸国と異なり、純朴な気風が国民全般に浸透しているが、これはひとえにビスマルクの人柄と政策によるのではないか。また、軍事力も短時間で強国の仲間入りをさせるなど、その「富国強兵」政策は我が国も見習わねばならない、とその思いを強くしている。

大久保は日本を出発するときは、世界最大の強国イギリスの政治制度、経済政策に興味をもち、これを参考にすべきと考えていたが、ビスマルクに会見し、その思考を学ぶやいなや、すっかりドイツ式政治制度に魅せられてしまった。

また幕末、イギリスに留学し、帰国後もアーネスト・サトーを通じ、イギリス公使パークスとも親密な関係にあり、大のイギリス贔屓であった伊藤博文も、この時点からドイツ派に転向したといってよいだろう。

木戸、大久保、伊藤らもアメリカ、イギリス、フランスの文明の高度さには圧倒された。彼らはそれら諸国がいかに素晴らしい文明を持った国であるか、その感慨を祖国の井上馨、西徳治郎に書き送っている。

ところが一行はドイツにきて考え方が一変した。前述田中彰の「米欧回覧実記」によると「プロイセンの国是のたて方は日本とよく似ているので、この国の政治や風俗を研究することは、英仏の事情を知るよりも利益を得ることが多いだろう」と述べている。

続いて「彼らのプロイセンに対する関心は、米、英、仏などの高度な文明とその先進性、それに対する日本の皮相な「開化」と、その後進性との隔絶した落差の中で、相対的に浮かび上がったことにほかならない」とされている。

大久保も伊藤も木戸とは異なり、現実主義政治家である。それだけに外遊中から双方の考え方には次第に齟齬が生まれ始め、その仲は険悪になっていく。伊藤は長州出身であり、かっては高杉、木戸の子分として行動を共にしていたが、この頃から木戸とは疎遠になり、考え方を同じくする大久保の傘下に入っていく。その傾向は外遊中から特に顕著になってきた。その結果、木戸と大久保の間は冷え切り、数度にわたって意見の衝突が生じていた。

そのような事情を抱えながらも、大きな収穫を得てプロイセンを離れた一行は、明治六年四月、ロシアに到着し、皇帝アレクサンドル二世に謁見し、政事堂、造幣局、製鉄所、調練所などを見学し、一四日にデンマークへ向かっている。

回覧実記によると一行は早くも「ヨーロッパの五大国（英、仏、独、オーストリア、露）のうち「最モ雄ナルヲ英・仏」、「最モ不開ナルヲ露国」とみた世界の一般評価に対して、日本がイギリスやフランスよりもロシアを恐れ、ロシアこそが最大・最強の国で、虎視眈々と世界を併呑しようと思いこんでいるのはなぜか。と回覧実記は問いかけている」。

ロシアには昔から侵略性がある。この頃もすでにシベリア進出により清国と摩擦を生じ、一方では南下政策を起こして、一八五三年にはトルコを侵略せんとしてイギリス、フランス連合軍と戦火を交えている。

また、早くも一八世紀後半から日本近海にはロシア船が出没し、樺太を領有するなど日本ではロシアに対する危機感を持っていた。幕末には対馬を占拠しようとした事実もある。これらの事情を鑑み、使節団一行も上記のような感想を抱いたのであろう。

使節団一行が危惧を抱いたのもゆえなきことではない。これからも明治政府にとって、ロシアは日本を侵略せんとする最大敵国として存在し続けるのである。

明治六年四月一七日、一行は北ドイツのハンブルグに着いた。人口三四万人の大都会である。次いで一八日にはデンマークの首都コペンハーゲンに到着した。王宮でクリスチャン九世と謁見し、外務省を訪問、軍艦製造所、博物館、美術館などを見学している。

なお、使節団一行が感銘を受けたのはデンマークとともに、立ち寄ったベルギーである。これらはいずれも小国であるが、「回覧実記」によると

「凡ソ欧州ニ於イテ，能ク独立ヲ全クセル小国ハ、其兵ノ強健非常ナリ。白国（ベルギー）、嗹国（デンマーク）是ナリ」、とあるように、「彼らは文武ともに秀で、質素で勤勉であった。信義も厚かった。小国が大国の間に介在して自主を全うできるのは、その国民性が「強豪」で、生業に励み、国を愛し、「不撓ノ精神」をもっているからにほかならない。」（前掲　岩倉使節団米欧回覧実記　岩波現代文庫）。いまだ東洋の小国に過ぎない日本と重ね合わせ、使節団はイギリス、フランス、ドイツとは別な意味で感慨を覚えたといえよう。

その頃、欧州では大国といえば英、仏、露、普、オーストリアであり、小国はベルギー、オランダ、ザクセン（その後ドイツに統合）、スイス、デンマークなどとされていた。

折からオーストリアの首都ウイーンにおいて開催されていた万国博覧会を見学した結果、使節団一

行は、これら小国といえども、その展示品においては質の面ではロシア、オーストリアに勝っていると感じたのである。

それにしても驚くべきことに、米欧視察団のアメリカ、ヨーロッパ歴訪中の貪欲な知識吸収力は素晴らしいの一言に尽きる。一行は政治、経済、軍事のみならず、広く文化、芸術にまで気を配っている。これは彼らがいかにその国の機構、施設、それを運用する諸機能がどうなっているかを懸命に学ぼうとしているかが窺える事象である。

使節団一行は、決して膨大な費用と、貴重な日時を無駄に費やしていたわけではない。それらを償って余りある成果を手にして帰国したのである。

明治六年九月、帰国した木戸孝允は「憲法制定の建言書」を、太政官政府に提出した。木戸の「建言書」はプロイセン公使を務めていた同じ長州出身の青木周蔵の意見を入れて作られたが、木戸はこの頃、近い将来には「人民の協議による憲法」を作るべきだ、と主張している。木戸は、明治政府首脳のなかでは、最も革新派であって、共和制度にも理解を持っていたが、この時もイギリス流の議会制度を念頭に置いていたのではなかろうか。

ところが時期を同じくして、西欧流政治制度確立を考えていた大久保利通は、伊藤博文の意見も参考にしてプロイセン流の立憲君主制による政体確立の意見書を提出した。

とにかくこの二人は、プロイセンの宰相ビスマルクに傾倒しており、強力な政体樹立を志向していたのである。その結果、大政官政府では大久保等の意見が採用され、明治政府はドイツ流国家形態を模倣することとなる。

一〇　大久保利通の新国家樹立構想

留守政府の諸改革

大久保は西欧歴訪により、日本と欧米諸国の余りにも大きい文明の格差に愕然とするとともに、ビスマルクの教訓通り、なによりも国力を充実させることが、日本を欧米列強に互していく条件であると深く認識した。

そのため大久保は、太政官政府のなかで事実上トップの実務権限を確保し、最大最強の官僚機構である内務省の設置に踏み切った。内務省には地方行政、警察、土木、民生事業までをも含む強力な権限を持たせたのである。

そしてさらには、資本主義を育成強化するため、富国強兵の要となる殖産興業、つまり官業政策まで司る権限を付与していった。

大久保の急激で絶大な権限掌握に、敵対する勢力も次第に増大していった。それより以前、岩倉使節団がドイツ滞在中、太政大臣三条実美から「国内事情が混迷しているさなか、政府が無人では不都合が生じているので、木戸、大久保にはすぐさま帰国されたい。」とする召喚命令が岩倉大使宛に届いた。

その原因は、米欧視察団が出発するに際して、西郷、江藤、後藤、大隈ら留守政府首脳に「自分たち使節団が帰国するまで、新たな政策、既存の政策でも大改革を伴う施策は行わないこと、また、人事は凍結する。」という約定を入れさせて置いた。

ところが留守政府は、明治の三大改革とも言うべき学制、徴兵令、地租改正など近代化政策を米欧使節団に断りもなく、実施に踏み切っていたのである。

学制制定は、一八七二年（明治五年）八月三日、文部卿大木喬任を中心に実施。これはフランスをモデルとする学区制であり、小学校、中学校、大学校を設立する、という計画であった。内容は国民皆教育の実践であり、近代国家建設には欠かせない施策であったが、政府は財政負担の折、義務教育を国民の負担としたことから全国で反対運動が巻き起こった。

徴兵令制定は、一八七三年（明治六年）一月一〇日、大村益次郎の国民皆兵構想を受け継いだ、同じく長州出身の陸軍次官山縣有朋が、フランス軍制をモデルとして成年男子二〇才以上を対象に行った。旧士族に代わる近代軍隊創設の第一歩である。

だが、徴兵令施行は士族階級にとっては深刻な問題であった。士族からは、職を失うとともに、「特権を奪われた」、という現状から激しい反撥を買うことになる。

地租改正については、視察団が出発する以前から準備が行われつつあった。土地売買の自由、地券の発行、地価への租税賦課などであり、幕府時代の石高に頼る制度からの転換である。この制度充実は、財政難に悩む明治政府にとって焦眉の急を要する施策であった。

この事業は財政に強い井上馨大蔵次官が中心となって行っていたが、地租改正法が成立を見たのは一八七三年（明治六年）七月二八日である。

司法の改正については、一八七二年八月、江藤司法卿が裁判権独立を実施すべく、地方裁判権を大蔵省管轄下の地方官から、司法省管轄の府県裁判所に移管することを試みた。

各府県における裁判所設立は、同年の八月から始められるが、この施策は大久保が企図する内務省構想からはずれるため、二人の対立抗争の大きな要因となっていく。

留守政府の混乱

上記の諸改革は、日本が近代化を進めるうえには欠かせない政策ではあったが、この時点では政府全体を統括する人間がおらず、西郷も政治工作は得意でも近代化施策推進には明確なビジョンを持っていなかったから、ここに混乱が生じることとなった。

統括責任者不在のため、各省は独自に事業展開をはじめたから、各省と財政を預かる大蔵省との間に深刻な対立が生じた。なにせ、新政府は財政基盤が弱く、新規施策を要求されても受け入れるだけの財源は持ち合わせていない。

大蔵省官員北代正臣は、岩倉使節団メンバーの司法省次官佐々木高行に政府の内情を次のように報じている。以下「前掲　政事家　大久保利通」から引用すると、

「井上大蔵省次官は昨年一〇月から閉居、西郷参議は鹿児島帰省、山尾庸三工部省次官は引き入り、江藤司法卿も続いて引き入り、板垣参議も仕事を大投げして辞めたいと申し立てている。西郷の心事も辞職のようである。この二人が辞職したならば、参議は大隈一人となってしまうので、大隈も使節団の帰国まではなんとか留まるようにしなければと話している。三条太政大臣独り苦慮している。国勢を維持するためには、ビスマルククらいの人でなければ難しいように思われるほどである。」留守政府はこのような状態にあった。

事実、明治期の政治家は何かというとすぐに政権を放り出す癖があった。これには明治天皇も困り果て、あるとき伊藤博文が辞職を申し出て、天皇に「君らは何かというとすぐに辞職をするというが、無責任ではないか。朕は辞めたくとも辞められないではないか。」と苦言を呈せられたという。

このように、政府はあってなきが如き状態にあったので、三条は木戸、大久保に早期に帰国を促したのである。

西郷が鹿児島に帰省したのは、島津久光を慰撫するためでもあった。久光は大政奉還がなれば自分が政府首脳になれると踏んで、自論の公武合体論を捨て、大久保らの幕府武力討伐に賛成したのである。ところが新政府主要ポストは下級武士が実権を握り、自分は体よく祭り上げられてしまった。そこで、西郷、大久保に対する怒りは凄まじく、二人を政府から追放するよう天皇が鹿児島巡行の際、一四項目の建白書のなかで申し入れている。

勿論、政府は久光の建言など聞き入れようとしなかった。久光は激怒した。そこで困った西郷が久光に面会すべく帰省したのである。

政府の混乱は以後もそうであるように、なにかというと無責任に役職を投げ出すことにあった。また、太政官三院制にも問題があった。この官制は最高機関の正院に行政責任者の各省長官が参加できないシステムになっている。そこで各省が政策立案した結果を正院では追認するだけで、最高意志決定機関が有名無実になってしまった。そこで政府には各省の予算要求に対する調整機能がないことから、単独で大蔵省が立ち向かざるを得ない仕儀となってしまった。

それに留守政府首脳は、西郷や後藤、板垣のように、政治工作や戦争は得意でも実務能力には欠けていた。唯一、実務ができる江藤や大隈には人望がなく、各省の調整や統制は困難な有様であった。各省に睨みがきき、官僚を統制でき、かつ、実務能力がある人材といえば大久保をおいてほかに存在しなかった。それが外遊中途での大久保召喚につながったのである。

ところが留守政府は凍結された筈の人事にまで着手した。四月一九日、司法卿江藤新平、文部卿大木喬任、左院議長後藤象二郎の三人を新たに参議に任命した。

さらに、五月二日には太政官制を改めて、参議を内閣の議官とし、議官が国政の全ての決定権を掌握できる体制を構築した。この改革により大蔵省の権限は大幅に縮小され、怒った井上馨は大蔵事務次官の職を辞任して政府から去っていった。

それに連動して、井上に抜擢されて大蔵省に勤務していた渋沢栄一、原敬ら有能な官吏が野に下り、財界、言論界に新たな活躍の場を求めていった。

このような政府の混迷を見透かしてか、頑なで時代の流れが分からない島津久光は、不平士族を代表するかのように兵力を伴い上京し、政府に圧力をかけるような行動にでた。また一方では地租改正や徴兵令、学制改革など、負担を強いられる政策に不満を募らせた民衆は各地で一揆を起こすなど、全国に不穏な空気が広がっていった。

政府からの召喚命令にしたがって帰国した大久保を待ち受けていたのは、このような不安定極まりない国内状況であったのである。欧米の進んだ文明に接した大久保にとって、視察中途での帰国はさぞかし無念であったろうと推測される。

それに折角帰国しても、大蔵卿に過ぎず、参議ではない大久保には政策決定に参画する権限はなく、古巣の大蔵省には大隈重信が事務総裁として一切を取り仕切っていた。流石の大久保も欧米使節団の帰国まで手をこまねいて待っているよりほかになかった。

一一　征韓論と盟友西郷への訣別

征韓論か内治充実か

欧米使節団が諸国歴訪中、留守政府では朝鮮と国交樹立を行うべし、とする意見が政府内で主流を占め、西郷を使節として派遣する案が内定していた。それは未だ朝鮮が鎖国政策を採り続け、いち早く開国した日本に敵愾心をもっており、国交樹立には応じようとしなかったからである。

政府内では軍人出身の板垣退助が最も強硬論で、武力をもってしても開国させるべきだ、と説き、西郷は軍艦派遣には反対で、「武力を伴わない使節として自らが国交交渉をおこなう。そしてなおかつ、朝鮮が拒否するならばその罪を天下に問い、戦争に持ち込めばよいではないか、」と反論した。と、いって西郷が反戦論であったわけではない。あくまで交渉は建前であって、戦争を始める口実を作るに過ぎないから、征韓論という見地では板垣と同じ考えであった。方法論が異なるに過ぎないのである。

また、板垣退助という男も不思議な経歴、思想遍歴の持ち主で、土佐藩を軍事面で代表し、戊辰戦争では北越軍参謀としてすぐれた軍事能力を発揮した。ところが明治政府が成立すると、軍人としての道を歩まず、政治家に転身する。

政治家としても強硬派で、土佐を代表して参議に就任するが、留守政府内にあって軍事力をもって開国を迫るべきだと主張するなど、征韓論でも急先鋒であった。その板垣が政争に敗れるや、野に下り、一転して自由民権運動の旗頭になり、明治七年には民撰議員設立建白書を提出する。

これ以後も自由党も結成し、政府攻撃の急先鋒に立ちながら、政府に買収されて外国に逃避したかと思えば、大隈重信と組んで隈板内閣を組閣するなど、主義主張とは随分と異なる政治活動に終始するのである。

なお、外務卿副島種臣も征韓論を唱え、五万の軍隊を派遣すべきであるとイギリス公使パークスに相談を持ちかけたという。〔遠い崖一〇　大分裂　荻原延寿　朝日選書〕

岩倉使節団が帰国したのは一八七三年九月一三日である。派遣論は岩倉大使帰国後に再度協議することになっていたが、一〇月九日になって、閣議を一二日に開催することになった。ところが三条太政大臣は一一日に西郷に閣議の延長を伝える。三条は遣使が開戦につながることを憂慮し、戦争の利害得失の検討が必要であると考えていたのである。〔前掲　政事家　大久保利通〕

留守政府から召喚されたにもかかわらず、政策協議の枠外に置かれた大久保は静養と称して関西旅行に出かけていたが、九月二一日には帰京した。そこで三条、岩倉は大久保に参議就任を要請し、難航の末、やっと承諾させた。

大久保には米欧旅行、特にドイツ訪問時、宰相ビスマルクから「欧米列強に対抗するにはとにかく国を富ますことが先決だ」と言われたことが強烈な教訓として残っていた。そこで大久保ははっきりと、盟友西郷と対立しても内治を優先すべきであり、現時点での戦争行為はなんとしても避けるべきだ、との確信を抱いていた。

政府のトップの地位に就いた西郷ではあったが、すでに西郷の思考は時代遅れになっており、新国家建設の青写真をどう描いてよいのか分からなかった。それに情に厚い西郷にとっては、自分とともに鳥羽伏見の役から戊辰戦争を戦ってきた士族階級を切り捨てる政策などには、人情として割り切れなかったのであろう。

この点、大村、大久保、山縣などは、「富国強兵」政策を遂行するには、すでに行政官と化した士族階級では困難であるとみていた。西欧諸国のように文官と軍人の機能をはっきりわけるべきであり、そのためには職業軍人の育成と、徴兵による国民皆兵制を採り入れるべきだと割り切って考えていた。大久保が冷徹非情な政治家だといわれるゆえんである。

後年、日清戦争を前に、同じ薩摩出身でありながら、論功行賞で主要ポストに就いていた老朽先輩将官を切って捨て、海軍兵学校出身の若手を抜擢した海軍省主事山本権兵衛も、国のためには冷徹になれる男であった。

大久保も、西郷のいう義や情では将来を見据えた政策にはならない、として次の七点を挙げて征韓論に反対している。それは

①　士族の反乱と民衆騒擾を誘発すること

②　軍事費増大が国家の財政危機をもたらすこと

③ 富国強兵を図る政府事業が挫折すること
④ 輸入超過によって輸出入不均衡が増大すること
⑤ ロシアの南下政策を助長させること
⑥ イギリスの内政干渉を招くこと
⑦ 条約改正の障害になること（前掲　政事家　大久保利通）

以上の点から大久保は西郷遣使論に対して強硬に反対した。大久保の場合、三条と異なり、優柔不断ではなく、一旦決断するとテコでも動かない強さがある。米欧諸国を回覧して、近代国家の真の姿をつぶさにみてきた大久保にとっては、政府の基礎が固まらない現在では、対外戦争など思いもよらない無謀な計画であった。

これには、岩倉は勿論のこと、大久保と仲違いをしていた木戸も同調した。米欧使節団はここにおいて、感情を抜きにし、団結して征韓論に反対の立場をとったのである。また、従来征韓論派に与していた佐賀の大隈重信、大木喬任は、内治の重要性を認めて大久保派に寝返った。

逆転の閣議

一〇月一一日、三条はいつまでも閣議を先延ばすことはできない、とし、一四日開催を決定した。閣議は三条太政大臣、岩倉右大臣、参議の西郷、木戸、大久保、大隈、板垣、副島、江藤、後藤、大木ら一一名である。（木戸は病欠）

閣議では三条、岩倉は、樺太における日露紛争問題解決が先決であること、また、朝鮮との戦争準備が不足している、として西郷派遣に反対し、これに対し、西郷以外の参議はすべて同調したという。ところが西郷は納得せず、あくまで派遣を主張した。そこで板垣、江藤、後藤ら留守政府の参議は一度派遣を決めた手前困り果て、結論はまたも先送りされたのである。

翌一五日の閣議は西郷が欠席し、大久保は派遣延期を主張したが、他の参議は派遣に賛成した。そこで、三条、岩倉の預かりとなり、二人は協議の結果、西郷派遣に反対すると、士族に不穏な空気が生ずることなど諸事情を勘案し、派遣に賛成することに決定した、と参議達に伝達した。反対は大久保のみで、大隈、大木ら反対派も沈黙した。三条が変節したのだという。

敗北を喫した大久保は即時辞表を提出し、岩倉、木戸も辞表を提出した。困り果てた三条はその夜、心労のあまり高熱を発し、精神錯乱状態になって職務遂行不能となった。

三条は公家で、修羅場をくぐってきた経験がないので、国家の大事を自ら決定するには気が弱すぎたのである。

ところがこの三条発病が、一時停滞するかと思われた歴史の流れを、近代国家成立へ向けて大きく進展させる役割を果たすこととなった。大久保の逆転劇を可能にしたのである。大久保はこの間、同じ薩摩出身の黒田清隆と謀議を行い、岩倉を太政大臣代理に据え、閣議決定を天皇に奏上する際、岩倉から延期論を述べさせる、という作戦をとった。

大久保、黒田は得意の宮廷工作に取りかかり、徳大寺宮内大臣や侍従吉井友実に働きかけて天皇に直接上奏をおこない、閣議決定を否決に持ち込んだのである。

これは欧米視察後、国家建設に邁進する正統派政治家に変身していた大久保にとって、最後の謀略行為であった。

そこで西郷は辞表を提出し、木戸、大久保は辞表を却下されて政府に残り、それをみた征韓論派の板垣、江藤、後藤、副島が辞表を提出する。ここに欧米派遣の内治派と、留守政府の征韓論派に政府は大分裂することになった。

大久保も西郷ら征韓論派も、辞表を提出して閣外に去った点は同じだが、その中身はまったく異なる。それは新国家建設に対する意欲であり、それへの情熱と気概である。西郷は人望も高く、権謀術数にも長けていた。

その西郷も、この頃になると、国家建設構想に対する青写真も描けないこともあってか、野心も意欲もなく、捨てばちな気分に陥っており、世捨て人のような心境になっていたと考えられる。(事実、鹿児島に帰郷した西郷は、隠遁生活に入っていた)

それに対して大久保はビスマルクの影響を受けて、その模倣ではあっても明確な立憲君主制国家建設の野望に燃えていた。

結局、この差が最後の局面で、征韓論を巡る宮廷での権力闘争に決定力をもち、大久保、岩倉連合の圧勝に終わったといえよう。

それにしても分からないのは、明晰な頭脳を持ち、先見性に富み、冷徹、非情な大久保と酷似した性格の江藤新平が、なぜ辞表提出という軽はずみな行動に出たかである。推測するに、感情面において同じような性格の大久保とは相容れなかったのではないか。

一二　内治派による富国政策

民力充実政策の展開と国家形態の方向

岩倉欧米視察団は、派遣先諸国で文明、科学技術、軍事力、弱肉強食の恐るべき外交政策を見聞するに及んで、国力のない日本が今ここで朝鮮、ひいてはその背後にある清国と事を構えるなど時期そうしょうであると判断した。

大久保とて、なにも国民生活の向上を願って派遣に反対していたわけではない。「富国強兵」の途を進むには、なによりも国力を充実させることを優先させたに過ぎないのである。この点で、大久保、伊藤らは現実主義者であった。

米欧の実情が分からない留守政府参議らに比べ、概して米欧視察団は公家で古風な岩倉でさえも米欧の文明の発展度には圧倒されていた。そのなかでも現実主義者の大久保、伊藤らに比べ、早くから開化思想の持ち主であった木戸は、共和制にも余り拒否感を抱いていなかった。

大久保も最初は、「日本が範とする国家形態はイギリス式立憲君主制でもよい」と考えていた。大久保なども伊藤に、「共和政治は好ましくはないが、君主と国民が一体となって憲法に基き、ともに政治を行うイギリス流の立憲君主制でもよい」、と考えている旨を語っている。大久保らはイギリスの繁栄は、「人民が国家の自立を支え、国王も人民を擁護することで、世界の七つの海を支配する強力な国家を創り上げた」、という事実を認識していたのである。

米欧出発前はこのような考えであった大久保、伊藤らは帰国後は考え方が変わってきた。それに一八六九年（明治二年）三月、西郷従道とともに欧州視察に赴いた保守主義者山縣有朋などは、「議会制度に長い伝統を有するイギリスの政治形態は日本にはそぐわない」、と強烈な印象を抱いて帰国した。西欧議会制諸国に比べ、分裂した諸邦をやっと統一して間もない、皇帝中心のドイツを模範とすることが好ましいと考えるに至ったのである。特に、保守の権化のような山縣は、君主制とはいえ議会勢力が事実上政治を動かしているイギリスの政治形態を採り入れるなどもってのほかだと考えていた。

このように、政府首脳が急速にドイツ流の政治形態をモデルとすべく動き始めたのに、大きな抵抗もなくすんなりと移行できた原因は、政府首脳の構成にある。共和制にも理解を持ち、イギリス流議会主義に傾いていた長州藩閥の大御所木戸は、すでに米欧巡回中に鬱傾向にあり、大久保とは仲違いしていた。また、同じ長州の伊藤、井上とも疎遠になっており、病気がちなこともあり、政治に対する情熱も薄れ、政府に対する影響力も失っていたからである。

そこで岩倉、大久保らが、今後の日本が進むべき道を決めることになるのであるが、岩倉は今後の施策について、「今般各国巡歴の使命を達して帰国したので、意見を上奏することになるが、それにつき今後は専ら国政を整え民力を厚くすべきことに奮勉従事するつもりである。したがって、その目的に沿うような見込みを申し聞かせて欲しい。」(岩倉関係文書七　政事家　大久保利通)と国家の方向性を明確に上申している。

日本が「内治に努め、民力を養成すべきである」、という方向性は、ここに国家の方針として確立されることとなった。

このことは、天皇から岩倉右大臣に授けた勅書にも明示されている。その内容は、「廃藩置県が実現したことから、今後は「国政」を整え「民力」を養うことに勉めよ」、と天皇が命じているのである。(前掲　政事家　大久保利通)

ここに近代国家日本を建設するには、まず国政を整備し、民力養成を図ることが喫緊の課題であり、征韓論など外征は国力を十分に強化してからのことである、として退けられたのである。

だが、大久保ら内治派といえどもその性格からして、外征は完全によくないことだ、と言っているわけではなかろう。それは後日の「台湾征討」によって証明される。

そして「民力養成」の真意も、実はビスマルク流の国力充実が根底にあったのではないか。そのためにはまず、国家の基礎を固め、外国に負けない強力な国家を形成する。それにはとにかく、徳川幕府が結んだ不平等条約を改正し、関税自主権、自主裁判権の確立など日本の経済力を消耗させるような制度や、国家としての自立を損なうような制度を撤廃することが第一義と考えたのである。

大久保は征韓論に反対する一方で、板垣らの「民選議員設立建白書」に象徴される自由民権運動にも弾圧の手を加えている。彼は米欧回覧の際、立ち寄ったフランスでのパリ・コミユーンに代表される民衆の動きにも危険性を抱いていたからである。

あるいは、これが絶対主義を志向する大久保の本質であったかも知れない。大久保は内治確立を意図し、征韓論に反対しながら、反面では自由民権運動にも強権発動するなど、ある面では矛盾した行動をとっている。

以後、明治新政府においては維新政府樹立に、ともに貢献した首脳のなかで、大久保を首班とする新政府首脳とは相容れない不満分子が政府を去ったあと、各地で内乱を起こしていく。

それは一八七四年（明治七年）勃発した佐賀の江藤新平の乱、一八七六年（明治九年）の神風連、長州の重鎮前原一誠の萩の乱などであるが、これらはお互いに統一性も連動性もなかったから、たちまち徴兵制により国民軍隊としての機動性をもち、組織化され、洋式訓練を受けた政府軍に鎮圧された。

そして最後で最大の内乱が、明治一〇年一月二九日、勃発した不平士族を代表する西郷隆盛を擁した薩摩士族の反乱であった。反乱軍には明治陸軍を形成する将官がかなりの数、参加していたが、隆盛の実弟従道をはじめ、従兄弟である大山巌など主要な将官は政府軍に残っていた。

精強を誇る薩摩士族も勇敢なだけで、一挙に大阪を衝くなどという戦略もなく、地域性にこだわり、近代兵器は持ち合わせず、抜刀隊で立ち向かうなど、戦術も稚拙であった。西郷軍は熊本城に立て籠もり、防戦する鎮台兵に手こずる間に、急遽応援に駆けつけた百姓兵と馬鹿にしていた徴兵制軍隊に太刀打ちできず、敗戦を喫し、やがて城山において壊滅する。

この西南戦争こそ、士族を中心とする旧体制と、新たに誕生した徴兵制軍隊という新組織との決戦であった。薩摩士族軍は一万五千人の兵力を擁しながら、鎮台の谷干城を司令官とする三三五〇人余りの籠城軍を破ることができなかったのである。（最終兵力は政府軍約六万人、西郷軍約四万人　詳説　日本史研究　山川出版）

この時の籠城軍には鎮台司令官谷干城、参謀川上操六、児玉源太郎など将来の陸軍を担う有能な将校が揃っており、近代軍事知識を身につけつつあった。籠城軍参謀にとっては、近代戦争の実験の場といえなくもない。

これに対する薩摩兵は、およそ維新戦争を勝ち抜いた軍隊とは思えぬほど統制がとれておらず、近代化もされていなかった。時代の波に逆らった結果であるかも知れない。

そして鳥羽伏見の役からはじまり、戊辰戦争を経て、十数年に及ぶ内戦は幕を閉じた。

これを最後に、脆弱であった新政府は権力機構の基礎固めに成功し、以後は地租改正に反対する秩父困民党や農民一揆を、強権をもって鎮圧しながら、「富国強兵」の途を歩んでいくのである。また、国内の政治闘争も、武力から自由民権運動対政府権力の闘争へと姿を変えていく。

一三　西欧列強と日本近代化の関係

明治政府近代化に貢献した外国人招聘教官

新政府首脳は征韓論派を排斥してから、鋭意日本の近代化に取り組み始めた。彼らが米欧視察で受けた衝撃は予想以上に大きかった。それに後進国日本が欧米列強に短時間で追いつくには自力ではとても困難であると考えたのも無理はない。

それには西欧の文明、科学技術、政治制度をてっとり早く移植することが先決である。また、西欧が誇る近代工業技術を導入し、日本に定着させるにはその基盤となるべき政治、経済システム、および教育制度を充実させなければならない。

明治政府が掲げた国家目標は、前述した「富国強兵」制度確立である。そのためには経済では資本主義制度の採用、先進科学技術の導入、西欧式近代軍制の整備充実、法体系整備の確立を行うことが必要不可欠の課題であった。

ところがこれら諸制度確立を早急におこなうことは、とても自前では至難である。そこで考えたのが西欧諸国の模倣であり、諸制度、科学技術の導入であった。
その方途としておこなわれたのが、まず第一に、各種制度を研究する留学生大量派遣であった。政治制度、教育、科学技術、軍事、医学、法律、経済など各分野にわたってエリートが選抜され、イギリス、フランス、ドイツ、アメリカ、オランダ等各国に派遣された。
つぎに実施に移されたのが、外国人専門家の招聘である。彼らは上記のような各分野にわたって採用され、来日した。その状況を引用すると、

①顧問役―　政府の諮問に応じたり、自ら建議をおこなう。

②直接の援助役―とりわけ急を要する法律制度の整備において、未整備の我が国の現状に応じて、諸外国との調整役として働く。

③教師役―諸官庁、学校、軍隊などで日本人の学生・生徒を教えるだけでなく、各界教官ないしは教官候補者として選ばれたエリートに、近代科学技術を教授する役

―中略―ここに分類した役割は重なり合っている場合が多く、活動範囲も立法、行政、外交、司法、軍事、警察、教育、交通、通信、産業、金融、建築、土木、開拓など、およそ近代国家体制として必要と考えられる範囲をほぼ網羅していた。

（日本人とイギリスー問いかけの軌跡　筑摩書房　今井宏著）

彼らは「お雇い外国人」と呼ばれ、最盛期は明治新政府が誕生して間もない明治七、八年に集中しているが、その数は約五二〇人前後であったとされている。それでも政府の機構が整備され、教育制度、法体系、産業政策、金融などが自前で運営できるようになるに従って、次第に減少し、明治一三

年頃には二八〇〇人から三〇〇〇人前後になっていく。

彼ら「お雇い外国人」には、政府高官並の高額な給与および旅費や住宅まで支払ったが、招聘したお雇い外国人の質は高く、日本が諸制度を近代化する上に貢献した点からすれば十分な対価であったとされる。また、彼ら来日した外国人には、遅れた異国人を指導して少しでも先進国に近づけたい、という強烈な使命感があったといわれる。

「お雇い外国人」の種別構成をみると、初年のころは軍人、法律家など各種の分野に渡っていたが、明治一〇年頃からは殖産興業が国家発展の要とされるようになって、その指導を行う技術者と近代教育の徹底を図るため、教育者の数が増えていった。

それにしても日本の近代化が、隣国の清国、朝鮮に比較してスムーズに実現したのは、余り抵抗もなく外国文明を受け入れる、という日本人特有の柔軟性にあった。また、前述したように江戸時代から各藩における藩校、一般庶民には寺子屋教育、というかたちで基礎教育が行われていたから、国民全般の教育水準が高く、外国からの高度な知識を吸収する力があったことなどによると考えられる。

この点、清国やその影響が強かった朝鮮などは、中華思想や儒教の影響が強く、柔軟性に乏しかった。それに排外思想が加わるなどして、国を挙げて近代化を推進するのに大きく遅れをとったといえよう。

明治期「富国強兵」政策を国家目標とした日本は、「和魂洋才」を旗印に、イギリスなど海外事業に詳しい伊藤博文が工部大輔に就任し、繊維など軽工業から脱皮すべく、製鉄、造船、鉱山、電信、機械製造、化学など重工業に力を入れはじめたのである。

特に、軍事面から全国に敷設した鉄道路線、自前の銃器製造を行うための砲兵工廠や官営八幡製鉄所の建設など、官が民をリードするかたちでの産業育成が特色であったといえる。

この点でも外国人教師や技術者は日本近代化に惜しみない努力を払ったといわれる。「お雇い外国人」の国別、各省所管別構成を前述の「日本人とイギリス交流の四〇〇年」から抜粋引用すると、国別ではイギリス二六九人、フランス一〇八人、アメリカ四七人、ドイツ三七人、その他四二人、合計五〇三人となっている。やはりこの面でもイギリスが他を圧倒していることが分かる。

次に省別構成では工部省二二八人、文部省七七人、海軍省六六人、陸軍省三八人、大蔵省、内務省各二七人、外務省一四人、開拓使一一人、司法省八人、太政官五人、宮内省二人、という内訳である。不思議なことに、イギリス式海軍軍制を採り入れていた海軍省が、イギリス二九人に対してフランスが三六人と七人も上回っていることである。

帝国海軍の創設とイギリス

一八七〇年（明治三年）一〇月二日、太政官は兵制を、海軍はイギリス式、陸軍はフランス式にするという公式決定をした。（日本海軍史　第一巻通史一，二編　第三章　帝国海軍の創設　篠原宏著）日本陸軍が最初、フランス式を採用し、一八八五年（明治一八年）にドイツ式に改編されたのとは反対に、海軍は一貫してイギリス式で通している。これはイギリスが文句なく世界随一の海軍国であったからであろう。

日本海軍を創設するに際し、基礎を固める役割を果たしたのはイギリス人教官アーチボルド・ダグラスである。ダグラス率いる教官団は砲術、航海、機関、造船の各士官が五人、下士官一二人、水兵一六人で構成されていた。

ダグラス中佐は士官教育を行う方針として、英語と数学を徹底して教え込んでいる。そして教育内容は講義形式ではなく、実地教育に重点を置いていた。

兵部省首脳は、海軍の近代化を推進するためにはなにより戦略、戦術に精通した若い柔軟な頭脳を持ったエリートを育成する必要があると考えた。

そこで兵部省がまず最初に設立したのが、一八六九年（明治二年）九月一八日、東京築地の海軍操練所である。この設立を命じられたのが田中義門である。

一八七〇年（明治三年）一〇月二七日、将来を担う将校育成のため、海軍兵学寮を設立。これは幼年学舎（修業年限五年、予科二年、本科三年、一五才から一九才）、壮年学舎（二〇才から二五才）で構成されている。兵学頭には薩摩の川村純義が就任した。ついで一八七四年（明治七年）には艦長が操船、艦隊運動を自由に行えるよう、それを補佐する機関士養成のため、海軍機関学校を設立した。

その教育に従事させるため、一八七〇年（明治三年）一一月、アルバート・ジョージシドニー・ホース海軍大尉をイギリスから招聘したのである。ホースの功績については、一八七四年（明治七年）七月、兵学寮の英語教師になったチエンバレンが、その著〔日本事物誌〕（一八九〇年初版）の中で「この士官は異常な組織力をもち、竜じょう艦や後には他の地位について、砲術や海兵の訓練のほかに多方面に活躍した。彼は日本海軍の真の父と考えてよいだろう。」とその功績を書いている（日本

海軍史第一巻　通史第一，二編　第三章　帝国海軍の創設　二　お雇い外国人　篠原宏著）

日本海軍創設期の明治初期は、海軍といっても幕末以来の伝統で船室は畳敷きで、そこに火鉢を置く、というようなおよそ海上で生活するには危険な状況にあった。ホースは早速、寝起きはハンモックにするなど、このような生活様式を改めさせたのである。

ちなみに、清国海軍では最強の近代装備を誇る北洋艦隊でさえ、内実は日清戦争頃までこのような生活様式であったという。

明治四年一月八日、海軍兵学寮は築地において開校、肥前の中牟田倉之助が兵学権頭に任ぜられた。教職員総員五五名で、生徒は最初四三名であった。教官には二三名が旧幕府海軍出身であったという。恐らく、勝海舟の海軍操練所の流れを汲む人々であったろう。

その後、入学試験を実施、その結果、幼年学校生徒一五七名、壮年学校生徒六八名、合計二二五名となって、ようやく海軍士官養成所としての体裁が整った。

その内訳をみると、鹿児島出身が五七名もいて、この頃から「海の薩摩閥」形成の様子が窺える。ほかは東京一五名、山口一三名、金沢一二名などが主な出身地である。（日本海軍史第一巻　通史第一，二編　帝国海軍の創設　第三章　田中宏巳著）

海軍留学生

一方、同年から海軍兵学寮生徒を海外に派遣する動きが強まってきた。留学先はやはりイギリスが七名で他を圧倒しており、次いでアメリカが四名であるが、兵学寮には入らず、すぐに軍艦に乗り組み、実習訓練を受けていた人々もいた。後の連合艦隊司令長官東郷平八郎ら五名である。彼らは全員がイギリスに留学している。留学期間は最長で一一年、最短で三年である。

専攻分野は、造船が六名、兵科が六名、機関が二名、造兵一名となっている。だが、イギリスでは海軍での訓練は認められず、民間の商船学校などで修行を積んでいる。

明治八年には兵学寮から六名、海軍軍医から二名が派遣されている。留学先はイギリス六名、アメリカ二名となっており、専攻分野は運用術および砲術四名、医学二名、機械工学二名となっている。ちなみに、「日本海軍建設の父、」と呼ばれ六・六艦隊を創設して日露海戦を勝利に導いた海軍大臣、(のち首相)山本権兵衛ら八名は明治九年一二月、海軍兵学寮で教育を終え、少尉補としてドイツ軍艦に乗り組み、一一年まで三年間、ドイツ軍艦で実践教育を受けている。

海外留学生が急増したのは明治三年から四年にかけてであり、各分野から四〇〇名近い人々がイギリス、フランス、アメリカ、ロシアなどに留学している。

また各藩が、時代の潮流に乗り遅れては大変と、藩主の子息を留学させたことに伴い、陸海軍に所属する旧藩士もその随行というかたちで留学させている。旧伊予松山藩でも陸軍士官学校に入学していた騎兵将校秋山好古を、本人はドイツを希望していたにもかかわらず、藩主子息随行としてフランスに派遣している。

このため、日本陸軍はドイツ式に転換しつつあったにもかかわらず、騎兵のみはフランス式を採用することとなった。

一四　陸軍のドイツ式軍制への転換

ドイツに傾斜する陸軍

以上、海軍についてみてきたが、海軍は発足時からイギリスの影響が非常に強かったのに対し、陸軍は発足時は幕府がフランスの軍事顧問団を招いて軍事洋式化を図った流れを汲み、明治陸軍もフランスからシャノハン大尉らを軍事顧問に招き、フランス式軍制を採用していた。

これをドイツ式軍制に転換させたのは、軍政面ではドイツ駐在武官として在独中、一八七〇〜七一年の普仏戦争を間近にみて、プロイセン軍の強さを強烈に認識した長州の桂太郎であった。

桂は帰国後、長州閥の総帥で、陸軍参謀本部長として陸軍を牛耳っていた山縣有朋に進言して、明治一一年、陸軍省参謀課報提理という職に就き、軍政をフランス式からドイツ式に改組した。

桂は、野戦軍指揮や参謀の仕事よりも軍政面に興味をもち、一八年五月には陸軍省総務部長に就任、翌一九年には陸軍次官の要職に就いた。桂はこの間、実務面からドイツ軍政転換への準備を推進していったのである。この時点で、参謀本部総長は皇族の有栖川宮、次長は薩摩出身の川上操六少将であり、監軍参謀長は児玉源太郎大佐であった。

一方、軍制面からドイツ式軍制を強く推進したのは、ドイツ留学中に参謀総長モルトケ将軍から、作戦、戦略樹立の参謀業務を直に教えを受けた川上参謀次長である。川上はそれ以来、モルトケ戦略の信奉者となり、参謀本部をドイツ式に転換すべく全力を傾注した。以後、柱は軍政、川上は作戦と役割分担を決めて推進を図っていく。

フランス式からドイツ式軍制への転換は、政治面でも幸いした。幕末以来、イギリスと親密な関係にあった大久保利通、伊藤博文など薩長首脳が、岩倉米欧使節団として欧米諸国を歴訪した際、議会制民主主義の国イギリスよりも、皇帝が実権を握る立憲君主制国家ドイツに強い感銘を受けていたからである。

ドイツは前述したように、日本と同じくヨーロッパ列強に比べて統一が遅れ、後進国として出発しながら、政治経済、軍事面で急激に発展を遂げつつあった。

明治政府樹立の第一人者大久保利通、その後継者伊藤博文、軍事の山縣有朋らはドイツ諸制度の導入に強い意欲を持っていたから、政界、軍部のフランス派を排除することに全精力を傾けた。

明治政府発足時から、フランス式軍制を採用していた陸軍部内には、強固なフランス派が存在していた。その主要メンバーは、谷干城を筆頭に曽我祐準、三浦梧郎、鳥尾小弥太らであり、どちらかといえば陸軍卿大山巌もフランス派であるが、彼は生粋の武人であり、政争の埒外にあって、陸軍主流派に位置していた。

谷らフランス派は、長岡外史、田村怡与造達がつくった軍事研究組織「月曜会」を足場に、陸軍を手中に収めようとしたが、これを察知した山縣は大山陸軍卿と図って「月曜会」を解散に追い込み、陸軍の親睦団体偕行社に吸収させた。

権謀術数に富む山縣は，この機に乗じてフランス派を代表する谷干城を海外視察に赴かせ、その隙に三浦梧郎らフランス派を陸軍から追放する挙に出て、これに成功する。

フランスからスイスを歴訪し、一年後帰国した谷は、「国家大要」という長文の論文を政府に提出し、山縣を痛烈に批判したが、既に陸軍の実権を掌握した山縣は歯牙にもかけず、これを握り潰した。以後、谷干城は貴族院にあって痛烈な政府批判をおこなっていく。日露戦争前にも軍人としての豊富な経験から、ロシアと日本の国力の差を詳細に調べ上げ、「軍事力のみならず工業力、財源面からみても日本には戦争遂行力はない。したがって我が国には到底ロシアに勝てる力は乏しいから開戦に踏み切るべきではない」といった開戦反対論である。

谷には山縣等に対する感情論が交じっていたとはいえ、開戦熱に浮かされているその頃の日本にあって、慎重で勇気ある発言といえる。少なくとも、政府及び軍部がこのような反対意見を採り入れるだけの度量があれば、第二次世界大戦に至る無謀な戦争への道を突き進む、という愚は避けられたのではないか。

ドイツ参謀本部とモルトケの戦略

以上前項でみてきたように、日本は海軍を除いて、政治機構も陸軍の軍制も幕末以来のフランス、イギリスの影響下から脱却し、ドイツ式へと転換していく。

断っておくが、これは勿論、立憲君主制という統治形態、軍制の中身のことであって、国交関係では別であり、明治三五年一月に締結された日英同盟にみられるごとく、ドイツよりもイギリスとの関係の方がより一層緊密化していくことになるのである。

そこで、以降は日本陸軍が軍政、戦略、作戦面で最大の影響を受けたドイツ陸軍に焦点をあててみていくこととする。

大久保、伊藤等政治家が、政治制度面で最も薫陶を受けたのが、「鉄血宰相ビスマルク」であるとすれば、軍人でドイツ、特に参謀総長モルトケ将軍から強烈な影響を受けたのは山縣有朋、川上操六、桂太郎、児玉源太郎等陸軍首脳である。

ヨーロッパの一小国プロイセンを、大ドイツ帝国にまで発展させたのが政治面でビスマルクであるとすれば、軍事面での功績者は参謀総長モルトケである。モルトケは日本陸軍にも日露戦争を前に、作戦面で大きな貢献をしたとされる名著「戦争論」を著したクラウゼビッツの戦略を徹底して学び、そこから独自の戦略、作戦計画を構築した。

クラウゼビッツの戦争論は、彼自身参謀としてナポレオン軍に敗れたプロイセンの敗因を究明することから教訓を得、そこからナポレオンの長所と欠点を解明することから始まった。ナポレオンの得意とする戦略は、その天才軍事能力をもって、あらかじめ予定戦場を想定し、そこへ一点集中方式で全戦力を注ぎ込むことにある。そして一挙に敵を包囲殲滅する方式である。

反対に、ナポレオン軍の欠陥は、ナポレオンがいかに軍事の天才であっても、一人で巨大化し過ぎた軍を掌握するには限界がきていたこと。また、ナポレオンがいない戦場では同族支配により有能な将軍を抜てきしなかったため、意外に弱体であること、などである。

クラウゼビッツは、ここから戦争を戦術レベルで考えることを止め、もう一段高度な「哲学」として構築した点にある。

クラウゼビッツの戦争哲学から、モルトケは戦略、作戦を一人の天才が考えるのではなく、組織として機能するような方式を考えついた。そのためには徹底した参謀教育と組織機構の充実が必要である。そこから生まれたのがドイツ参謀本部の創設であった。

一八五七年、モルトケは参謀総長代行に就任した。翌年、正式に参謀総長になるや、参謀本部および全プロイセン軍参謀部に一名づつ参謀将校を配置することにより、彼らを通してプロイセン軍を掌握することになる。以後、モルトケは三三年間にわたり、参謀総長として全ドイツ軍を育成強化するのである。

参謀本部独立と統帥権

モルトケの編み出した戦略とはいかなる方式か。それはナポレオンが得意とした予定戦場へ全戦力を集中する、という思考を採り入れた「分散合進・包囲集中攻撃」作戦である。

そしてこの戦略にしたがい、全ドイツ国内の各軍団を予定戦場に迅速に動員するために、鉄道の敷設、電信の活用による効率運用方式を用兵に導入したのである。

さらに、日本陸軍がドイツ参謀本部（モルトケ）の模倣をしたなかで、効率性という軍隊運用のプラス面と同時に、悪しき慣例となったのが、参謀本部が内閣（陸相）の手を離れて直接、天皇に上奏する権限を獲得する、「帷握上奏権」という制度を導入したことである。

この帷握上奏権確立により、参謀総長は内閣総理大臣、陸軍大臣の制約を受けることなく、自由に軍事行動を起こせることとなった。シビリアン・コントロールからの脱却である。

この制度導入に際して、最も強く推進したのは、軍事に政治の関与を嫌う山縣有朋であった。山縣は明治一一年には参謀本部長の職責にあった。彼にはモルトケの模倣という実利面だけでなく、軍部を自分の牙城としようとする野心もあったのである。

次いで山縣は近衛都督を兼任し、陸軍を完全に掌握したあと、一六年一二月には内務卿に就任した。以後、山縣は総理、枢密院議長、法相を歴任するが、あくまでも権力基盤は参謀本部にあったのである。この点では、純粋な戦略意図から参謀本部を発足させた生粋の軍人モルトケと異なり、自己の権力掌握の観点から参謀本部制度を利用したといえる。

それでも日清戦争までは、伊藤博文という力のある政治家がいて、大本営において戦争指導をおこなっていた。伊藤は首相として、軍事と政治・外交・財政とを統括するなかで政治と軍事を総合調整していったのである。また、大本営には陸奥宗光外務大臣も入っていて、ともに政戦略に努めている。それが日中戦争、第二次世界大戦のころになると、政治家の力はまったく減退し、軍部独走につながっていくことになる。

この点が首相、大統領が軍の最高指揮権者となるイギリス、フランス、アメリカ等シビリアン・コントロールが確立している国との大きな違いである。

こうしてモルトケの薫陶を受けた陸軍上層部は、軍政では山縣とその意向を受けた桂太郎が、また、軍制、戦略面では川上操六がフランス式からドイツ式へと転換作業を推進していく。そしてこの実務面を担ったのが、川上の愛弟子田村怡与造である。

陸軍の名参謀田村怡与造

田村は、薩長藩閥の軍にあって、佐幕派の田安家支配地、山梨県相興村〈現一宮町〉の出身であるが、陸軍士官学校生徒募集の公告を知り、同校を受験し、明治八年一二月、陸軍士官学校第二期生として入学した。

薩長閥に属さない田村が入学できたのは、入学試験の成績がトップであったからだという。そして陸軍士官学校を首席で卒業し、その後五年の長きに亘りドイツに留学する。彼は後年、「今信玄」の異名をとるほどすぐれた頭脳をもった参謀であった。

この時代は、薩長藩閥とはいいながらも、清国、ロシアという強大な敵国に囲まれ、極度な緊張状態にあったから、有能な人材であれば、藩閥とか、士族、平民などの出身を問わずある程度までは抜擢もしたのである。昭和の陸軍のように、陸軍幼年学校～陸軍士官学校～陸軍大学校という純粋培養な、世間の常識を知らないエリート層だけで構成されていることはなかった。

田村は陸士を卒業後、最初の任地として熊本鎮台第一三連隊に配属された。一三連隊は西南戦争で修羅場をくぐってきた九州各地の猛者が揃っている。並みの将校ではとても勤まらない。だが、「甲州の暴れん坊」の異名をとった田村は見事にこれら兵士を統御した。

それが連隊長川上の知遇を得る結果となった。このことが、川上の信任を得て田村をして参謀将校の道を歩ませることとなる糸口となったのである。

その後、参謀本部勤務を経て、明治一六年一月、その有能さを認められて、陸士第一期生首席卒業の木越安綱とともにドイツ留学を命じられる。そして明治二一年六月二九日に帰国するまでの五年間、田村はドイツにあって、ベルリン陸軍大学校での参謀学講義、ドレスデンの連隊実地訓練勤務を経る中で、ドイツ式参謀学修得に磨きをかけた。

また、一年遅れてドイツに医学研修のため留学してきた陸軍軍医、森林太郎（鴎外）と出会い、共にクラウゼビッツの「戦争論」を学ぶのである。田村は難解なクラウゼビッツの「戦争論」を会得できた数少ない参謀の一人であった。

明治二一年一〇月四日、帰国した田村は監軍部に配属され、一年後に参謀本部に転属となるが、参謀総長は皇族の有栖川宮、同参謀次長は一三連隊時代の川上少将であった。これは田村の実力と、ドイツ仕込みの実績を買った川上の引き抜きであった。

ここで田村はそれまでのフランス式軍制から、ドイツ式軍制に転換を図る川上参謀次長に命ぜられて、ドイツ式操典に沿った「野外勤務令」策定に取りかかることになった。

操典とは、陸軍が野外活動を展開する際の基本原則であり、部隊はこの操典に沿って指揮官から兵に命令が誤りなく下達される、という重要な位置づけを持っている。

田村が最初に策定した「野外勤務令」は、ドイツの操典の直訳であって、いまだ完全ではなかったから、川上に指摘されて日本の実状に合うように改正を命ぜられた。

明治二二年一月二五日、その「野外要務令」を実地に試行すべく「陸海軍連合大演習」が、天皇陛下臨席の下に実施された。連合大演習を実施するに際しては、最初、首脳部も不安を抱き、ドイツ人教官の力を借りようという案も出た。それを田村は押し切って、日本人だけで演習実施に踏み切った。

連合大演習は各国武官が見守るなか、成功裡に終えることができ、改めて「野外勤務令」という用兵の運動展開の重要性が認識させられたのである。

この「野外勤務令」は数次の修正を経たのち、明治二四年一二月、正式に制定されることとなり、明治陸軍はようやくドイツ式軍制転換に切り替えることに成功し、近代軍隊としての体裁を整備することができた。

この「野外要務令」がいかにすぐれた内容であったかの証左として、この後も数次の改正を経て、昭和陸軍にまで引き継がれていったのである。

このように、幕末から明治初期にかけては、イギリスの影響が強かった明治日本であったが、前述した通り、依然として外交面ではイギリスと友好関係を継続しながらも、政治制度においてはドイツ式立憲君主制に転換していた。

そして軍事制度においても、山縣、川上、桂、田村らドイツ派の影響力が強まった結果、フランス式軍制からドイツ式軍制に転換したのである。その功罪については後程詳述する。

ドイツ人が見た明治の日本人とドイツ人

このように、政体の立憲君主制とともに、陸軍においても軍制はドイツ式に転換することとなったが、ここで興味深い記事があるので、「ドイツを読めば日本がみえる　加来耕三著二見書房」から長くなるので失礼ながら概要を要約させて頂くと、

ドイツ普及福音教会の宣教師カール・ムンケンガーはその著書において、日本人とドイツ人の比較を行っているが、その概要は

「日本の精神は未発達ではあるが、健全な精神で、鋭く生き生きとした感覚を持ち、具体的な観察力とナイーブな感受性があるが、抽象面には弱い。それは我々の思考が通る回路が日本人には存在しないかのようだ。—中略—だが認知という点では日本人は全ての点で我々を上回っている。日本人には鋭い感覚と器用な手、そして素早く確実に理解する才能がある。特にすぐれているのが、技術面である。技術や工業の多くの分野において、かって大量のヨーロッパ商品が日本に流れ込んだが、今度は日本製品が逆流して世界市場に溢れるようになるまでそう長くはかかるまい。我々は子供のように喜んで日本が目覚めるのを見ていた。がその喜びは危惧に変わろうとしている。

日本人は頭の回転が速いが自分の頭でこなしてみることはない。結果を手に入れればそこに至るまでの遠い道は省いておく。

日本人には大きな才覚があるが、独創力はない。日本人が持っているのは全て外国から得ている。日本の文化は中国、朝鮮からの模倣である。—中略—そして日本は立憲君主制をとっているが、実際

の政治を動かしているのは伊藤、山縣、松方、井上、板垣等の実力者らである。それに日本人には素晴らしい組織力がある。先の中国との戦争においても、日本という機械の大車輪や小車輪をうまく互いに動かす、すぐれた組織がそれ以来確立された。国家組織において日本は、ドイツのような公共の福祉として、ドイツの顧問が大いに貢献した警察組織は、まさに模範と言ってもよいだろう。日本は国家としては大国であり、敵としては危険、連合の相手としては望ましい、といえよう。」以下略（原文　生態文訳「ドイツ宣教師の見た明治社会」より）

この文中にあるように、ドイツ人宣教師ムンケンガーは、日本人とドイツ人の特徴を実に正確に捉えている。特に鋭く指摘しているのが、「日本人は器用で模倣することに長けているが、抽象概念というか、哲学に乏しい」、という点である。

このことは、現在においても日本人とドイツ人にあてはまることで、民族の特徴をよく捉えている文章である。

ドイツ人はクラウゼビッツの「戦争論」に見られるように、実に抽象概念が好きである。思考方法も難解で、直截思考で実践論を好む日本人とは好対照である。このような思考方法では対局にあるといえる日本が、いかなる理由でドイツから政治、経済、軍事など諸方面の制度、学問を学ぶこととなったかについては不思議としか言いようがない。

また、幕末に列強外交団を終始リードしたのは、イギリス駐日公使パークスである。パークスが幕末から明治初年にかけて、日本に及ぼした影響は大であり、功績も大きいが、彼の外交スタンスはジョンブル特有の強圧姿勢であった。これが政府首脳に反感を覚えさせ、ドイツ訪問時に懇切丁寧にヨーロッパの情勢を教えてくれたビスマルクに尊敬の念を抱かせ、ドイツに傾斜させたともいえる。

明治維新時、ドイツは未だプロイセンがドイツ諸邦統一戦争の最中であり、国外への干渉などとてもおぼつかない状況下にあった。また、日本も岩倉使節団が訪独するまでは、ドイツなど見知らぬ国であった。

日独親善には、駐独公使青木周蔵の果たした役割も大きい。青木は長州出身で、医者の家に生まれた。維新後、医学を学ぶため一八七一年、すでに世界最高水準にあったドイツに留学したが、医学よりも政治、外交、社会制度に興味を持った。彼はすでに妻帯していたが離婚し、ドイツ人女性エリザベート・フォン・ラーテと結婚。家庭での会話はすべてドイツ語で話す、というほどドイツに傾倒していた。

一度帰国した彼は、医師となるよりも外交官となるべく、郷里の大先輩木戸孝允に働きかけ、政府を動かして正式な外交官としてドイツ公使に就任することができた。

青木は外交官として赴任中、日本からやってきた留学生の面倒をよくみたといわれる。

それは留学生の進路まで変更させるほどであったが、各人の個性をよく見極め、適切な助言を行った。留学生は帰国後、その持てる能力を発揮させたことは青木の大きな功績と言わざるをえない。彼ら留学生のうち何人かは官途につくことなく、鉱山技術者に、あるいは製紙工場設立に、ビール製造業にと、得意の分野において日本に西欧の新産業を根付かせていった。

また、日本政府はドイツから『お雇い外国人教師』を招いて日本の近代化を推進しようとしたが、国民経済学者としては、ジーボルト、モッセ、マエットなどを内閣府で雇用した。警察顧問のヘーンは日本警察制度構築に大いに貢献した。また、ボアソナードによってフランス流のナポレオン法典を模範としてきた法律も、ヘルマン・ロエスラー教授によって、ドイツ流が採り入れられ、大日本帝国憲法制定に大きな影響を及ぼすことになる。とりわけ、憲法制定については、ビスマルクに薫陶している伊藤博文の影響が大きく、彼の命令で井上毅が憲法草案を策定している。

だが、そのなかでも特筆に値する人物は、陸軍の軍制をフランス式からドイツ式に転換させ、日本陸軍強化策に貢献したメッケル少佐である。

メッケルの参謀本部改革

ドイツ公使館付き武官として在独していた陸軍の桂太郎少佐は、観戦武官として一八七一年の普仏戦争を間近にみて、ドイツ軍の強さを強く認識した。その強さの根源は参謀本部にあると喝破した。そこで帰国後、参謀本部長の職にあった桂の上司であり、また、長州軍閥の総帥である山縣有朋にドイツ式への転換を強く進言した。

一方で、参謀本部次長の職にあり、天才戦略家と謳われた薩摩出身の川上操六も、ドイツ留学中モルトケの薫陶を受けて、その戦略、作戦を信奉していた。

山縣、川上、桂等ドイツ派は、軍政、戦略面でドイツ陸軍、特に、参謀本部の有する機能とその大きな利点を研究するに従い、どうしても根本からそれまでの陸軍の制度、作戦、軍編成、戦略思考を改める必要性を感じた。

それには将来の参謀候補生を養成する陸軍大学校の機能を充実させ、陸大学生の教育を行っていく必要がある。そこで本場ドイツにおいてモルトケの教育を直に受けた有能な参謀を陸軍大学の教官に招き、実践教育を行なっていく必要があると考えた。

明治一六年一〇月、ヨーロッパ各国の軍事情勢を研究するよう命じられた陸軍卿大山巌一行は、ドイツにおいて陸軍大臣シュレンドルフに面会し、ドイツ人教官派遣の人選を依頼した。

次いで参謀本部にモルトケ将軍を訪ね、同様の依頼を行なった。

最初、陸相から候補に挙がったのはゴルツ大尉であったが、モルトケ参謀総長はあえて日本の事情に精通しているメッケルを推薦した。

メッケル参謀少佐は「ドイツ参謀本部の至宝」といわれ、高い評価を受けている軍人であった。彼は二七才でドイツ陸軍大学校を首席で卒業、普仏戦争で戦功を上げたのち、ハノーバー陸軍士官学校の教官を経て、陸軍大学校の教官となっていた。

彼は陸軍大学校在学中に、「未来の歩兵戦」を執筆。以後、来日前に「兵棋教範」「戦術学」独逸基本戦術」「要塞軍及び野戦軍」「初級戦術学教程」など名著を出版している。

メッケル少佐が来日したのは、明治一八年三月一八日である。彼は最初在任期間二年間、年額五四〇〇円の契約であったが、その有能さを買われて契約期間を一カ年延長し、三年間にわたって陸軍大学校で教鞭を執ることになる。

メッケルについては有名な逸話がある。彼は赴任して最初に陸大の教壇に立つなり、「私にプロイセン陸軍の一個連隊があれば、全日本陸軍を殲滅してみせる」と豪語した。それを聞いた陸大生は、それまでにフランス式操典を十分にマスターし、同法典で十分に兵を指揮できると自負していたからいきりたち、「ふざけるな、そんなことができるか、ホラを吹くのもいい加減にしろ」と激怒した。彼ら陸大一期生には、仙波太郎、東条英教、藤井茂太ら精鋭が揃っている。プライドも高い。

ところがメッケルは動じる気配もなく「それではまず、諸君が使用している歩兵操典を分析してみよう」ということになった。

やがて講義が進むうち、彼らは粛然とするほかなかった。とてもではないが、モルトケが創り上げたドイツ参謀本部操典は、フランス陸軍操典など及びもつかぬほどすぐれていたのである。それはまた、実戦で裏打ちされた実績でもある。メッケルの説くところによると
「プロイセン軍は兵力の動員体制、砲兵の機動力にかけては全国に敷設した鉄道網により、それはまた、実践で裏打ちされた実績でもある。兵器の開発においても欧州随一と自負している。さらには指揮官の能力向上には特に力を入れてきた。それでも指揮官が把握する力には限界がある。野戦部隊を混乱することなく、整然とした統一指揮下に効率よく運用するには要となるポストが存在しなくてはならない。その役割を担うのが参謀本部である。そして良き操典で厳しい訓練を施し、いざ戦争となれば敵の意表をつき、その機先を制することである。」

メッケルの戦法は極めて実戦向きであり、簡潔で、兵への伝達も分かり易く、迅速におこなわれる論法である。後進国ドイツ陸軍が、西欧列強のせめぎ合いのなかで勢力を伸ばしてきたのは、近代兵器の充実もあるが、それ以上に大きな効力をもたらしたのは、全軍を効率よく運用し得る組織の存在である。その組織こそ世界に冠たる「参謀本部」であった。

「近代戦においては、指揮官個々の能力に頼るような戦争はすべきではない。軍の規模も近世までとは比較できぬほど拡大しており、指揮官個々の判断で運用しきれる能力には限界がある。軍全体を効率よく、戦況判断を誤りなきよう動かすには、事前に情報を得、分析をおこない、それをベースに長期戦略をたて、敵味方を含め、全体の状況判断をおこなうポジションが必要である。それが参謀本部だ。」との考え方である。

これは小国プロイセンがナポレオンに敗れた結果を参考にしている。あれだけ強かったナポレオンが結局は敗北を喫したのは、すでに近代戦では天才といえども、一人では全軍を把握することは困難であることを、モルトケ参謀総長が悟った結果である。

そのためには、すぐれた操典を作成し、日頃からよき指揮官を養成し、兵を訓練し、確固たる戦略、戦術に則って、全軍が一カ所（参謀本部）から出る命令通り、迅速かつ、円滑に動ける体制を確保しておくことである。

モルトケ直弟子のメッケルはこのことを陸大教官として、学生に徹底すべく来日したのである。そしてそれを戦場においてすぐさま応用できるように、彼は講義だけでなく、兵棋を使って机上作戦を展開する教育をおこなった。なお、それよりも大きなメッケル教育の特色は、実地検証の参謀旅行の実践である。

この参謀旅行とは、実際に陸軍大学生を引き連れ、日本各地を旅行し、地形や山岳、河川の状況を読みとれる訓練を行い、指揮官及び参謀が戦場において地形の変化に対応し、柔軟に用兵を行えるよう実地訓練を行うことであった。

だが、メッケルの教育には欠陥もあった。実践教育を重視する余り、速戦即決の戦術に固執し、体系づけられた戦略論を教えなかったことである。メッケルが激賞した児玉については応用がきき、大局判断を誤らなかったが、並の参謀には通用しなかった。この戦略がなく、戦術に固執する思想は連綿と昭和陸軍にまで引き継がれ、凡庸な参謀では大局が分からず、戦略を誤らせる結果を引き起こす結果を招いたのである。

鎮台から師団への転換―外征軍誕生

メッケルの明治陸軍への影響の中で、忘れてはならないのは陸軍組織機構の改編である。一八八六年（明治一九年）山縣は陸軍省に「臨時陸軍制度審査会」を設置した。

委員長は児玉源太郎大佐、委員には軍政では桂太郎少将、作戦面では川上操六少将らが加わった。委員会は陸軍大学校教官メッケル少佐の指導を受けながら、ドイツ式軍制に切り替えるべく、軍隊機構と操典の研究に取り組んだ。

その中で、最たる変化は、旧来の治安維持型の「鎮台制」から、行動体としての外征軍という性格を帯びた「師団制」への転換である。師団は鎮台に比べ、はるかに機動性があり、迅速な動員能力を持っていた。戦時にはそのまま外征軍として運用できるのである。

ちなみに、日本軍は西欧列強の「軍・軍団・師団制」を採用せず、二個師団をもって「軍」を編成した。その理由は、師団編成時の日本には兵力からして軍団を編成する余力はなかったからである。

そして陸軍は太平洋戦争まで軍、師団構成は変わることなく続いていく。

ドイツ軍制模倣の中で、もう一つの大きな特徴は「参謀本部」を軍政から独立させたことである。参謀本部を牛耳る山縣は、何としても内閣、陸軍省の干渉を排除して独立行動を取りたかった。山縣の命を受けてこの作業に従事したのが同じ長州閥で、山縣の側近桂太郎であった。

参謀本部の独立は、遡ること八年前の明治一一年一二月の「参謀本部条例」制定である。山縣はすぐさま参謀本部長に就任した。まさにお手盛りである。この中で、第五条「軍令に関するものはもっぱら本部長の管知するところである」と規定された。

続いて、「親裁の後直ちに、これを監軍若しくは特命司令官に下す」となっている。ここにおいてはっきりと、軍令事項は陸軍大臣の権限外とされたのである。つまり、軍令事項は内閣の手を離れて独立した。帷握上奏権（統帥権）の確立である。

これによって悪しき慣例となる軍部独走、シビリアン・コントロールの崩壊が始まった。

その最初の例が、日清戦争直前の川上参謀次長による戦時混成一個旅団の派遣である。通常、一個旅団は三、〇〇〇人規模である。それを川上は混成旅団とすることで、七、五〇〇〇人動員体制をとった。

戦争拡大を嫌う伊藤首相は、これに猛反対したが、川上に「これは統帥権の問題であり、内閣の口出しするところではありません」と押し切られている。伊藤自身が創った明治憲法にそのように規定されているのである。伊藤首相は何も反論できなかった。

一五　情報を大切にした明治陸軍

実地から得られた情報

メッケルは、ドイツ陸軍の伝統である情報の収集分析、それをベースにした戦略の樹立、用兵、速やかな動員体制の構築、それを迅速におこなえるような国土全体への鉄道敷設、それを活用した兵力の予定戦場への分進合撃作戦等を陸大生に徹底して教え込んだ。

また、「宣戦布告と同時に敵に攻撃を加える」という先制攻撃の重要性である。それまで戦争は、お互いに宣戦布告をしてから軍隊を動員する方法をとっていた。

それをドイツ軍参謀総長モルトケは、「味方が十分な動員体制をとってから宣戦を布告し、開戦と同時に間髪をいれずに攻撃を開始する」、という戦法をとった。これは敵がまだ動員準備がされない前に先制攻撃をおこない、一挙に勝利をかちとる戦略であった。事実、プロイセン軍は、対デンマーク、オーストリア、フランス戦において、この戦法により勝利を収めてきた。

それを可能にするには事前の情報収集が重要性を帯びてくる。モルトケから直に教えを受けた陸軍参謀次長川上操六や、ドイツ留学経験の長い参謀田村怡与造、またメッケルを通して学んだ児玉源太郎や陸大生達は情報の重要性を十分認識していた。

日清戦争前、川上は自ら実地調査による生の情報と現地の状況を把握すべく、現地に赴いている。川上に同行したその愛弟子、田村は今度は日露戦争前、やはり参謀を引き連れて予定戦場とされる場所へ現地調査に出向いている。

また、川上は情報将校福島安正を、ベルリン公使館から帰国させる際、ロシア軍が大軍を極東に送り込むため、建設を進めていたシベリア鉄道の路線と進捗状況を綿密に調査させている。明治二四年のことである。世界中にその名を知られた有名な福島少佐（旅行中に中佐に昇任）の騎馬によるシベリア単独走破である。そして福島はシベリア鉄道建設のネックが、バイカル湖周辺にあることをしっかり把握した。その工事には莫大な経費と時間を要することを読みとったのである。

日露戦争を控え、参謀本部ではこの情報をベースに、ロシアがヨーロッパから大軍をシベリアに送り込まないうちに、宣戦を布告する、という対露作戦を作り上げた。事実、ロシアにとって、バイカル湖周辺の鉄道工事は難航を極め、工事が大幅に遅れるという事態を招いている。

さらに、福島は帰国の二年後の明治二八年、長崎を出発し、バンコク、インド、サマルカンドを経由し、コンスタンチノーブルを踏破して、世界の軍事事情を精密に調査分析している。実に、五三八日、全行程七〇，〇〇〇キロに及ぶ情報調査旅行である。

福島はこの旅行で、イギリスとロシアの世界各地における対立軸を正確に把握した。中央アジア、インド、清国における利権争いである。世界の七つの海を制覇していたイギリスも、この頃ではすでに凋落の兆しをみせはじめ、東アジアまではとても手が回らないこともつかむことができた。参謀本部ではこの調査報告を基礎にして、来るべき対露作戦を樹立していくのである。

情報を軽視、精神論へ転換した昭和陸軍

ところが日露戦争前、これほど戦略樹立に重要とみた情報を、昭和の軍人達は軽視した。余りにも効率性、科学力、情報分析の重要性を省みず、近代軍隊にあるまじき、精神力に頼るという欠陥を露呈し、第二次世界大戦でアメリカの情報戦に遅れをとり、敗北を喫した。

戦後の昭和二一年初頭、昭和天皇はこう述べられたと「昭和天皇独白録」(文芸春秋　平成二年一二月号)に掲載されている。その内容は

敗戦の原因は四つあると思う。

一　兵法の研究が不十分であったこと。すなわち孫子の「敵を知り己を知らば百戦危うからず」とか「兵法は凶器なり」とかいうような根本原理をよく体得しなかったこと。

二　余りにも精神に重きを置きすぎて科学の力を軽視したこと。

三　陸海軍の不一致。

四　常識ある主脳者が存在しなかったこと。

昭和の陸軍では往年の山縣有朋、大山巌、山本権兵衛など大局判断と、軍をコントロールできる陸海軍の大人物に欠け、政戦略の一致に不十分の点多く、軍の主脳者の多くは専門家で、部下統率の力

量に欠け下克上の状態を招いたこと」。以上の点について、昭和天皇が敗戦直後に感想を述べられたと、記載されているが、誠に正鵠を射ていると思われる。

また、それに先立つ日米開戦前の昭和一六年七月、アメリカとの戦争が不可避となった時点で、昭和天皇が海軍作戦の最高責任者である軍令部総長の永野修身に、「日米が開戦となった場合の勝算はいかに。」と下問された。

永野はこれに対し、「初戦で勝ちを収めることはできても、長期戦ともなればとても勝利は覚束きません」、と応じたという。天皇は、「成算なき戦争をはじめるとは何事か」と非常に驚かれたという。

この言葉は日露戦争中、バルチック艦隊来襲を控えて明治天皇が、東郷連合艦隊司令長官に勝算の見込みを尋ねられたところ、東郷は「必ずバルチック艦隊を撃滅して御覧にいれます」と奉答したという事例と好対照である。

この言は慎重な東郷のこと、決してホラでもなく十分な成算があってのことは勿論である。結果もその通りとなった。

日露戦争開戦前、陸軍では大山参謀総長、田村次長らは軍事作戦は勿論のこと、兵員を速やかに動員するための鉄道整備、船舶の調達、さらには後方支援としての軍需工場増設とそれを可能にする鉄鋼生産、石炭輸入の確保等あらゆる対策を緻密におこなった。

銃器、弾薬等軍需品を生産するには、何よりその基礎となる鉄鋼業が充実していなければならない。この点について陸軍次官児玉源太郎は、ヨーロッパ歴訪中ドイツのクルップ社を訪問し、鉄鋼、重機、大砲などを生産している現場をみてその壮大さに圧倒された。

そこで帰国後、「殖産興業」の見地から、農商務省に掛け合い、製鉄所建設にこぎ着けた。そこで完成したのが北九州遠賀郡の一寒村八幡村に建設された官営八幡製鉄所である。

八幡のように辺鄙な場所に、日本最初の製鉄所が建設された理由はなぜか。それは上質な石炭が産出される三池炭坑を抱えており、清国から鉄鉱石を輸入するのに交通の便がよかったという好条件が揃っていたからである。完成は明治三四年二月五日であった。

また、戦略・作戦面においては動員、用兵、展開をスムーズに行えるよう「野外要務令」「兵站勤務令」など用兵運用の諸規定を整備し、後方支援、輜重業務に万全を期していた。

野戦軍作戦活動の基礎となる上記の諸規定を作り上げたのは、前述した参謀本部参謀から第一部長、総務部長、参謀次長を歴任した田村怡与造である。

田村は、明治一六年二月から二一年六月までの五年間、ドイツに留学し、ベルリン陸軍大学校でドイツ軍制、戦略、作戦を学ぶとともに、ザクセン師団において実地研修を行い、最新式ドイツ陸軍の真髄を会得した。

帰国後、東洋のモルトケと謳われた川上参謀次長の薫陶を受け、野砲師団、山砲師団増設など陸軍の編成、動員体制、組織機構改革などに着手した。だがそれよりも田村の特筆すべき点は、それまで古来からないがしろにされてきた兵站、輜重等後方支援の充実を図ったことである。作戦遂行の裏方作業はほとんどが、田村の手によるとされている。（それでもなおかつ戦争が始まると、武器弾薬、兵站業務に支障をきたしたのである。）

それに加え、田村は諜報活動に重点を置くとともに、兵器の近代化、武器弾薬の増産に力点を置き、これら戦備が充実するまで開戦に踏み切ることを避けた。彼は少壮軍人がいくら早期開戦を叫んでも、数値の裏付けがない精神論には決して組みしなかったのである。この点、精神論中心で、杜撰な作戦計画のまま太平洋戦争に突入した昭和の官僚化し、硬直化した参謀本部とは随分と趣を異にする。

一方、海軍においても、山本権兵衛海軍大臣が六・六艦隊（戦艦六隻、装甲巡洋艦六隻）を整備するため、精魂を傾けていた。彼はその頃、世界最新の造艦技術を有していたイギリスに、最新鋭艦を発注し、艦隊整備に万全を期すとともに、併せて旅順艦隊とロシアから廻航してくるバルチック艦隊の分断作戦に全力を傾注していた。

彼ら陸海軍首脳は、その目標完遂のため、あらゆる諜報活動をおこない、情報の収集と分析に努め、それら戦争遂行準備が完成するまで、いくら弱腰と批判されようと、また、過激な部下からのいかなる突き上げにも動じなかった。慎重にロシア軍の動員状況を把握、分析し、戦機の熟するのをじっと待った。参謀総長大山巌も田村を信頼し、作戦の全てを任せきった。

一六　田村怡与造と石原莞爾の相違

天才戦略家の田村と石原

田村も石原も陸軍作戦参謀として有能な将官であった。田村は日露戦争を控え、参謀本部第一部長、第一部長、総務部長、参謀本部次長として、井口、松川、福島らを指揮して、その全作戦を担った。総務部長時代には、藩閥によらない人材抜擢をおこなうべく、全陸軍の中から有能な人材を引き抜き要職に据えている。長州閥の総師山縣からの介入もはねつけた。この結果、要職に就けなかった長州閥から恨みを買うこととなる。

一方、石原も関東軍作戦参謀として、板垣征四郎高級参謀とともに昭和六年九月一八日、謀略により南満州鉄道を爆破し、満州事変を起こす。そして満州国建設を図っていく。

この二人には共通点も少なからず存在する。双方とも、性格は剛毅不遜、上司を上司とも思わぬところがあり、ずけずけと直言してはばからない。そのような性格から敵も作る。

田村は日清戦争の際、山縣第一軍司令官の下で参謀副長を務めたが、山縣が大本営の方針に従わず、突出作戦に出て第三師団が窮地に陥ったとき、大本営と図って山縣更迭の挙にでている。この結果、終生山縣に恨まれた。

それにもかかわらず、参謀次長という要職に就けたのは、人並みはずれた明晰な頭脳と、企画力、緻密な作戦能力を大山、川上に認められていたからである。また、非常な勉強家でもある。特に、田村の、家に帰っても寝食を忘れた勉強振りは、陸軍でも語りぐさになるほど有名であった。

これに対し、石原莞爾は田村に遅れること四五年後の一八八九年、やはり賊軍の旧会津藩である山形県に生まれ、仙台陸軍幼年学校を経て、一九〇五年、陸軍士官学校第二一期生として入学。一九〇九年一二月、陸軍士官学校を卒業した。頭脳明晰ではあったが、席次は素行が悪く七番であった。卒業と同時に歩兵少尉に任官し、会津若松歩兵第六五連隊に配属された。

後年、石原も陸軍の実力者、満州軍参謀長東条英機と戦略の不一致から対立し、陸軍中枢から閑職に追われている。

連隊勤務の後、明晰な頭脳を買われて一九一六年陸軍大学校に入学し、卒業後は教育総監部に転属を命じられ、以後、参謀将校としての道を歩み始めた。また、一九二三年から三年間ドイツに駐在し、フリードリッヒ軍人王とナポレオンの戦争史研究に没頭した。そこで来るべき戦争は、短期決戦から国力を上げての総力戦となることを予測したのである。

そのように、効率性をも重んずる石原莞爾であるが、総監部時代、日蓮の『立正安国論』を読み、法華経に心酔し、熱心な信者となり戦史研究の基礎としていくのである。

だが、同じ天才肌の参謀将校でも、田村と石原では戦略論では根本から異なる。田村は作戦・戦略ではいわば正統派であり、基礎を何よりも重視する。事を起こすにあたっては実に慎重で、動員、用兵などについても後方支援をきちんと固めて置くなど、万全の準備をしてから戦争を決断する。

それだけに、開戦を控えた参謀本部内では、「田村は日露開戦に対して消極的過ぎる」とさえいわれていた。

それに反し、石原は知略にすぐれ「五族協和」とか「満州国独立」とか気宇壮大ではあるが、誇大妄想なところがある。アメリカを最終仮想敵国とした「世界最終戦争論」など、その最たる例である。これは一参謀将校が考えることではなく政治の分野である。また、板垣征四郎とともに、満州事変を起こした張本人であるように、謀略を好みすぎる。

それでも満州国建設の立役者になるなど、一般国民受けがして人気も高い。それに日支事変以来、中国を相手とした戦争不拡大を唱え、日中提携を策しているが、これも平和主義に転換したのではなく、アメリカを最終敵国とみなして戦力を分散させないための方途であった。だがこれも現地軍に、石原自身が起こした満州事変を持ち出され、説得は失敗に帰した。彼の特徴は、日蓮宗と西欧戦史研究を結びつけた雄大で独特の戦略論である。

それにひきかえ、前述したように、田村は着実な戦略家であったが、日露戦争を控え、作戦、戦略、動員、用兵はおろか、後方支援体制、軍需物資を生産する工業力まで考え、児玉とともに八幡製鉄の建設まで視野に入れていた（殖産興業の見地から農商務省に建設させた）のである。それに開戦時から戦争終結時期を見定め、外交と緊密な連携をとっていた。

一方、時代の進展とともに、欧米諸国では日露戦争時とは比較にならぬほど、工業力、科学技術、戦略・戦術とともに、軍事科学力も著しい発展を遂げていた。一九三〇年代の戦争は、単に軍対軍の激突ではなく、国家対国家の戦争であった。軍需物資を自力で賄いきれるだけの、重化学工業を中心とした国力をかけての総力戦を、遂行可能な国家体制を樹立することが前提とされていた。

ところが、昭和の陸海軍、特に陸軍は天皇親政などという時代錯誤の思想をもった皇道派と、軍の統制を唱える統制派に分裂して争うなど、内部統一は全然なされていなかった。それにもまして、日本国は日中戦争から戦争につぐ戦争の泥沼に引きずり込まれ、国民は貧窮に喘ぎ、国力は疲弊し、アメリカ相手の戦争どころではなかったのである。

日露戦争時の日本とロシアの国力、太平洋戦争時の日本とアメリカの国力差では雲泥の差があり、緻密な分析をおこなえば、とても戦争に突入することなど考えられなかった。

ちなみに日露戦争直前の一九〇〇年の日本とロシアの鉄鋼生産を比較してみると、日本〇・一五（推定）に対して、ロシア二・二（実績）、その差一四・七%であるが、太平洋戦争前の一九三〇年の日米比較は日本一・七に対し、アメリカ四一・三（格差二四・三）である。

これを国力全体を表す工業力でみると、一九三八年時点で日本八八、アメリカ五二八であり、とても勝てる相手ではないことが分かる。（出典　石原莞爾独走す　花輪莞爾著　新潮社　P二九九、P四二七）

それに、日露戦争は一対一の戦争であったが、太平洋戦争は米、英、蘭、それに中国、最後にはソ連という、いわば世界を相手としての勝ち目のない戦争であった。

現実に、海軍の一部では密かに対米戦争のシュミレーションをおこなった結果、国力比、軍事力比において到底勝ち目はないという結論を出していたが、これは秘密とされた。

このように、実に緻密な戦略を練って、裏方業務に徹した田村が戦史にも名を残さず、各種評伝も少なく、世に知られていないのに反し、雄大な構想を説く石原の場合は軍人はおろか、国民の間にも石原の説く、「世界最終戦争論」信者も多く、各種評伝の類も膨大な数に上っている。

戦略論、軍組織機能の相違

だが、作戦参謀としての実際の功績という面からするならば、日露戦争を勝利に導びく戦略を樹立した田村と、満州事変を引き起こし、泥沼化する日中戦争から太平洋戦争という誤った戦争へ突き進むきっかけを作った石原とでは、現状把握と問題認識及び緻密性において雲泥の差があるといってよかろう。

また、日清・日露戦争時における陸軍省及び参謀本部の組織・機構にはさほど差はないが、命令系統には大きな差異が生じていた。前者の場合は、参謀総長・次長の下に上意下達が行き届き、部長、各参謀は指揮命令にしたがって、整然と行動していた。戦時には大本営の方針にしたがって、野戦軍は忠実に行動した。大本営の指示に従わない場合は、第一軍司令官であり、陸軍の大御所山縣有朋でさえ更迭の憂き目にあっている。

それに引き換え、太平洋戦争時の陸軍は組織として機能していなかった。参謀本部は何か事が起きるとすぐに統帥権の独立を持ち出し、陸軍省はないがしろにされた。

また、参謀本部内においても、主導権を握っているのは作戦課長ら中堅クラスの将校であり、上司の命令に従わず、下克上がまかり通る、といった有様であった。

それ以上にひどい状態にあったのが、南満州鉄道保護のため駐屯していた関東軍である。板垣高級参謀、石原作戦主任ら参謀は満州事変を起こしておきながら、戦争不拡大方針を打ち出した若槻内閣の外務省、陸軍省、参謀本部といった中央の命令を聞かず、謀略を巡らして満州占有をやめようとはしなかった。

それどころか関東軍は、挙げ句の果ては国際連盟の反対を無視するかたちで、清国最後の皇帝溥儀を傀儡政権として祭り上げ、満州国建設に邁進していった。陸軍という組織としての体をまったくなしていなかったのである。

伊藤首相の戦争指導の項でも述べたように、日清・日露戦争時においては、大本営もきちんとした戦争指導方針を持っていた。また、戦前、山本権兵衛率いる海軍と、陸軍の確執や、参謀本部と軍令部間の権限争いは熾烈であったが、開戦と同時に作戦基本方針は一体化し、作戦は滞りなくおこなわれた。

野戦軍においても、満州軍総司令官大山巌は泰然自若として総参謀長児玉を信頼しきり、各軍司令官はその統制下にきちんと従って行動した。

それに反し、太平洋戦争時には関東軍は参謀本部の命令を完全に無視、参謀が勝手に戦争指導をおこない、本条繁軍司令官は内心反対でありながら、統制がとれず、ずるずると戦線拡大に引きずられて泥沼戦争に突入していった。また、戦略自体においても北守南進策をとる海軍と、まずは北進、そのあと南進を作戦とする陸軍とではまったく意見の一致をみなかったのである。

次に、捕虜の取り扱いについて、日清・日露戦争時と太平洋戦争時の差異について触れてみる。

日清日露戦争時は、日本は先進諸国に後進国と侮られてはならないと、涙ぐましいほどの努力を重ね、国際公法をどこの国よりも遵守した。捕虜の扱いにしても、旅順要塞降伏に際しては、乃木将軍は敵将ステッセルに「降伏して捕虜になるか、二度と戦場に復帰しないことを条件に祖国に帰るか」の道を選択させた。（帰国すれば軍法会議にかけられる）

これは海軍についてもいえることで、日本海大海戦において敗れ、捕虜となった将官、兵卒の扱いは懇切を極めていた。バルチック艦隊司令長官ロジエントフスキーを東郷司令長官は病院に見舞う際、敗者としての扱いをしなかった。

松山捕虜収容所を主とする各地の収容所における待遇も、ロシア人が主食とする肉をふんだんに提供したという。

それに反し、日中戦争から太平洋戦争時にかけての捕虜の扱いは残虐を極め、世界中から非難された。それだけ日本軍の資質が凋落していたのであろう。（十分な食事を捕虜に与えなかった、という点については、日本軍自体にも食糧が欠乏していたというやむを得ない事情もある。）

児玉源太郎という名将軍

参謀次長として、陸軍の対露全作戦を練っていた田村が過労のため急逝した後を受け、内務大臣兼台湾総督という要職を自ら下りて格下の参謀次長に就任したのは児玉源太郎である。

児玉は次長就任に際して、長州の先輩であるが、こうるさい山縣を嫌い、万事おおまかで部下を信頼し、思い切って任せるタイプの大山の下につくことを望んだ。

この関係を満州軍高級副官柄内文治郎中佐は「総司令官が山縣であったら児玉もやりにくかったが、大山であったから全力を出してやることができ、この配合が戦勝の要因であった」と証言している。」（参謀本部と陸軍大学校　黒野耐著　講談社現代文庫）

児玉は長州の下級藩士として生まれ、一〇代から四カ国連合艦隊との攘夷戦争、鳥羽伏見の役、戊辰戦争を下士官として戦い抜き、明治一〇年の西南戦争の際は熊本鎮台の参謀として籠城し、遂に守り抜き、勝敗の帰趨を決した。

児玉は少年時代から正規の教育をまったく受けておらず、外国留学の経験もない。それでいて軍政、政治、特に作戦・戦略にかけては天賦の才能を持ち、日露戦争を大山満州軍総司令官とともに総参謀長として指導し、日本軍を勝利に導いた。

児玉のすぐれている点は、参謀としての作戦・戦略指導だけではない。何よりも先見性と、読み、決断力にある。判断を間違えないのである。それに陸軍次官、陸軍大臣、内務大臣兼台湾総督を歴任するなど、統率力、折衝力など政治面においてもすぐれた能力を有していた。先見力の点では日露開戦に踏み切った時も、「この戦争は五分五分でいければよい。六分四分に持ち込んだときは速やかに停戦に持ち込む。後は政治、外交の力で解決する」と先を読み、戦争終結時点にまで及ぶ明確な戦略をたてている。

事実、奉天大会戦のあと、急ぎ現地から帰国し、戦勝に奢る大本営を説得して停戦に持ち込んだのは満州派遣軍総参謀長児玉源太郎である。実際に、大山総司令官とともに日露戦争の陸戦を指揮したのは児玉であり、彼は奉天会戦までの数次にわたる勝利が、紙一重の薄氷を踏む勝利であったことを誰よりも熟知していた。

奉天会戦で、日本軍はかろうじて勝利を収めることができたが、鉄嶺に向かって後退を続けるロシア軍を追撃する余力は、兵員、武器弾薬とも既になかったのである。日露戦争は参謀本部が戦前に予想していた額をはるかに上回る消耗戦であった。

一九〇四年（明治三七年）九月、日本軍は徴兵令改正により、後備役年齢が五年から一〇年に延長された。そこで三三才から三八才までが服役することになった。明治期における平均年齢からすればまったくの老兵部隊である。これら部隊は教育訓練期間を受ける間もなく、すぐさま最前線に投入されたのである。それにもかかわらず、すぐに兵力を消耗し尽くし、後方支援はおろか、戦争を遂行するにはすでに国力自体が限界にきていた。

これに反し、極東ロシア軍ではロシア得意の撤退作戦により、鉄嶺まで後退して戦備再建を図っていた。さらには、ヨーロッパロシア軍は陸続とシベリア鉄道により、兵力を極東に送り込んできつつあったのである。首都モスクワには革命気運が高まり、不穏な情勢にあったとはいえ、ロシア宮廷においては依然として戦意は横溢していた。

このことを十分熟知していたのは、現地軍を直接指揮する大山満州軍総司令官であり、児玉総参謀長であった。

ところが、大本営では、山縣を始めとする参謀本部が戦勝気分に奢り、戦争続行を叫んでいた。また、新聞などマスコミも戦勝気分を煽りたて、実状を知らない国民大衆もすっかりその気分になり、ハルピンまで攻め寄せよと騒ぎ立てる始末であった。

そこで事態を憂慮した児玉は急遽帰国し、大本営に赴き、伊藤、山縣や、桂首相、寺内陸相ら政府首脳に停戦交渉に入ることを強硬に主張した。新橋駅に出迎えた長岡大本営参謀次長は、「戦争を始めたら終わらせることが肝要だ」と児玉に強い口調で叱責されている。

その結果、現地の情勢を知らない大本営が、児玉の説明を受け、ようやく事態の深刻さに気づき、停戦に向かって動き始めたのはこの時からである。

その児玉であるが、反面では連合艦隊が五月二七，八日の日本海海戦で、バルチック艦隊を撃破すると、講和を有利に進めるため、「休戦を拒否して樺太を占拠すべし」と主張するなど複雑な動きも見せている。一筋縄ではいかぬ男なのである。

開戦時には、早期開戦を唱える児玉と対立していた伊藤博文、小村寿太郎ら政治家も、児玉と歩調を合わせ戦争継続は困難とみて、すでに終戦工作に向かっていた。

くりかえすが、児玉は正規の教育も受けず、川上、桂、寺内のように外遊の経験もなかったが、その先見性、戦略性、思考の柔軟性には天与の才能を持っていた。要するに総合判断力にすぐれていたのである。海軍の育ての親、山本権兵衛とともに、陸軍においては日露戦争を勝利に導いた最大の功労者といってよいだろう。

一七　昭和陸軍の誤謬

精神主義に陥った参謀本部と陸大生教育

ところで、明治陸軍は明確な戦略、作戦、後方支援としての兵站、補給、そして戦争遂行に欠かせない軍需工業力を重視し、さらには情報活動に万全を期した。

これに対し、世界の軍事システム、技術が格段に進歩していた昭和に入ってからの参謀本部の動向はどうであったか。確実に日露戦争時代の科学性に富んだ参謀本部に比べ、精神主義に陥り、科学技術を重視する姿勢が後退していたのである。

その要因は、軍の官僚化と日露戦争後の戦史にある、といわれる。日清・日露戦争を慎重かつ、モルトケ仕込みの科学力をベースにした戦略で陸軍をリードした川上、田村、児玉が没した後、参謀本部には有能な参謀が生まれなかった。参謀とは育成も必要であるが、古来から天与の才能をもった人間でないと務まらない。日露戦争を直前に控えて、天分に加え、努力の人田村が急逝したあと、秀才の誉れ高い松川敏胤や井口省吾などでは務まらず、児玉が自ら降格して参謀次長の職に就いたのは前述した通りである。

日露戦争後は山縣、寺内、田中義一といった形式主義者が軍の実権を握った。藩閥主義の権化のような山縣が強大な長州閥を形成するや、これに対抗して薩摩閥も強化された。

その結果、日露戦争後、国情が安定したことも相俟って、軍全体が官僚化され、陸軍幼年学校〜陸士〜陸軍大学校出身の純粋培養の軍人が増加した。そこで一般大学出身の常識と幅広い教養と、そこから生まれる柔軟な思考を持つ人材が払底し、軍全体が硬直化した。

これは陸軍大学校の教育方針にも大きな欠陥がある。陸大は本来が「高等兵学を学び、戦術を会得する」参謀教育にあった。ところが実際には、陸大出身の将校は参謀だけでなく、野戦軍師団長などの要職につくケースが増えてきたのである。明治三四年陸軍大学校条例では、「高等用兵に関する学術を修得させ、あわせて軍事教育に必要な諸科の学識を増進させる」、と改正されてはいるが、参謀教育の域を出ていない。

参謀と異なり、高級指揮官には人格、兵を率いる統率力、決断力など幅広い要素が要求されるが、陸大ではこのような教育はおこなわれてはいなかったのである。

それに陸大の教育は最後まで「研究内容はもっぱら高等用兵という戦術の研究であり、戦争の形態や激変したことに対応した政略や戦略の研究に関心は向けられなかった。」（前掲　陸軍大学校と参謀本部）つまり、激変する新時代に対応し得る戦略研究が構築されていなかったのである。

その傾向を更に増進させたのが、官僚主義の山縣のあと、陸軍を引き継いだ規則・規格・画一主義の権化のような寺内正毅である。寺内は陸相に就任すると山縣の意向を受け、日露戦争後の帝政ロシアの脅威を除く、として国力も考えず五〇個師団を要求した。

その結果、昭和に入ると、脆弱な産業基盤と貧しい国力にもかかわらず、国家予算の実に四割も軍事費に注ぎ込む、という結果を招き、国民生活をさらに貧窮化させた。

また、九年間に及ぶ陸相在任間に、参謀本部から陸軍省に大幅に権限を移した。それは参謀本部所管の編成、動員権を陸軍省に要求するだけとし、起案権は陸軍省としたのである。このような寺内が軍の実験を握ったことにより、陸軍は作戦においても、軍の装備においても柔軟な思考を閉ざされ、欧米の近代化に大きく立ち後れる結果を招くのである。世にいわれているような参謀本部だけの独走ではない。彼の影響力は昭和陸軍にまで引き継がれていく。

戦史編纂の誤り

次に、誤った戦史の編纂である。戦地から凱旋してきた将軍たちが、自分の功績を誇大に吹聴し、これを戦史に盛り込めと参謀本部戦史部に圧力をかけたのである。そして、日露戦史は事実と異なる戦勝記録に歪められてしまった。

日露戦争は、実際には紙一重の薄氷を踏む思いの戦勝であった。緒戦の鴨緑江渡河作戦こそ日本軍の勝利に終わったが、続く南山、遼陽、沙河、黒溝台の戦闘ではほとんど五分五分といえる結果であった。それが日本軍の勝利に終わったのは、一つにはロシア軍が最後の局面で退却したからである。昔からロシア軍は、その特徴といえる戦略としての撤退を続け、敵の補給路が伸びきったところで反撃に出ることを得意としていたからである。

これはナポレオンが対露戦争を遂行したときも、後年、ナチスドイツがソビエト軍攻撃に出たときも同様である。ロシア軍（ソ連軍）は撤退に撤退を重ね、最後の勝利を得る、いざとなれば焦土作戦も辞さないという作戦をとることはこれらの事例をみても明らかである。

旅順攻撃作戦では、山上のベトンで構築した堅固な要塞を、乃木率いる第三軍が正面からの銃剣突撃を三回にわたって繰り返す、という重大な作戦ミスもあり、惨憺たる結果となった。

その難攻不落の要塞がようやく陥落したのは、満州軍総参謀長児玉源太郎が見かねて指揮をとってからである。彼は参謀が陣頭指揮を執ることは好ましくないことを承知で、急遽満州軍本部から駆けつけ、二〇三高地に要塞砲を運び込み、山頂に照準機を設け、山越えに旅順港を砲撃した。

その結果、旅順艦隊は壊滅し、日本海軍は完全に制海権を得、安心して傷ついた艦船の修理を行い、バルチック艦隊を迎え撃つべく猛訓練に励むことが可能となったのである。

もう一つの戦勝要因としてあげられるのがトップの器の差である。陸軍最後の大会戦となった奉天会戦でも、戦況は途中まで五分であったが、総司令官の器によって勝敗が決定したのである。ロシア陸軍随一の秀才と謳われ、エリートコースを駆け上がり、陸軍大臣を務めていたクロパトキン大将は、宣戦布告と同時に満州軍総司令官に任命された。

ところが神経過敏で、繊細な彼は戦況が不利になると堪えきれずに撤退を繰り返し、奉天会戦では最後の局面で重大な判断ミスを引き起こした。反対に、鳥羽伏見の役から戊辰戦争、日清戦争と修羅場をくぐり抜けてきた満州派遣軍総司令官大山巖は歴戦の闘将であるだけに、「味方が苦しいときは敵はそれ以上に苦しい」という戦場における精神状態を熟知していた。その差が戦局が山場にさしかかると、もろに現れたのである。ギリギリの段階の神経戦で秀才クロパトキンは、剛胆な大山の度胸に敗れたといっても過言ではない。

戦史の虚実

このように、日露戦争はからくも勝利を収めることができたのであるが、戦後、前述したように、戦史は凱旋将軍に都合の良いように書き加えられた。その結果、戦史は歪曲され、その戦史を研究素材とした昭和陸軍参謀本部は誇大妄想に陥った、といわれる。

戦史というと、陸海軍の専門家が作成した公文書であるから、精密、かつ正確な記述であると思いがちであるが、実はとんでもない間違いである。それは次の証言により明らかとなる。日清戦争の最初の激突となった豊島沖海戦における記述である。海戦の火蓋は日清どちらが先に発砲したか。重要な事柄であるだけに、少々長くなるが引用すると

司馬遼太郎氏（坂の上の雲第一巻）の描写では

「この日、晴天で微風、海面にときにあわい霧が流れている。このとき沖合いに数条の黒煙があがり、艦船がちかづいてきた。よく見ると清国海軍の済遠、広乙の二隻であることがわかった。日本側は、宣戦布告以前であるため、礼砲を用意した。

が、距離三千メートルのところで済遠は実弾を発射し、このため戦闘が開始された。」となってい

る。このほかの日本海戦史家もほとんどが「済遠」が先に発砲した、としている。

その根拠は、今日、最も精密で信頼性が高いと評価される日本海軍軍令部編纂「極秘明治二十七八年征清海戦史」第三編に

「清国軍艦済遠先ず我に向かって発砲す。旗艦吉野直ちにこれに応じ」とあるからだ、とされている。

ところが、豊島沖海戦当時「赤城」航海長佐藤鉄太郎（海兵一四期）は、三〇年後の大正一三年（一九二四）年夏、海軍兵学校生徒に対する戦史講話で次のように語っている。

「戦史によると、これは世の中へ出せないことであるが、豊島のは向こうが驚いてこっちを先に撃ったからこっちも撃ったということになっているが、豊島の海戦はこっちが先に撃って機先を制したのである」（戦史講話四七頁）

日本の戦史を見るというと、向こうからこちらを撃ったからやむを得ずこちらも撃った、というような記述も見えるが、事実はそうではない。こちらから砲門を開いて、敵はこれに応戦したのである」（四九頁）「坂の上の雲の真実　第六章日清海戦　豊島沖海戦　開戦第一弾は「吉野」が発砲　菊池愼典著　光人社」

さらに、同氏が研究したところによると、第一遊撃隊司令官坪井航三「戦闘詳報第一号」明治二七年八月八日）に

「午前七時五二分、距離およそ三千メートルにて我が艦隊まず発砲す。敵もまた直ちにこれに応ずず」旗艦吉野艦長海軍大佐河原要一「戦闘詳報」明治二七年七月二五日

「午前七時五二分、三〇〇〇メートルの距離より清艦「済遠」に向て我が左舷砲台より発砲を開始す。これを開戦の第一弾として猛撃し続けて広乙に向て発砲」
二番艦「秋津洲」艦長心得海軍少佐上村彦之丞「戦闘記事」明治二七年七月二六日
「午前七時五五分　三〇〇〇メートルの距離において「済遠号」に向い左舷砲を発射す」
三番艦「浪速」艦長海軍大佐東郷平八郎「浪秘第八号」八月八日
右の「戦闘詳報」は、坪井司令官および各艦長が戦闘直後に上級指揮官へ提出し、大本営明治天皇に報告された後、皇居に保管された原本資料である。その真偽に疑いを差し挟む余地はない。日本軍艦「吉野」が清国軍艦「済遠」より先に、開戦第一弾を打ち込んだのだ。つまり「極秘　明治二十七八年征清海戦史」の記述は虚偽であり、…と菊池愼典氏は検証されている。また、「誰が極秘戦史の改竄を命じたのか。今のところ定かではない。天皇への現場報告を、政治外交の視点から軍令部編纂戦史を書き換えさせるほど力のある、たとえば海軍省主事山本権兵衛のような人物であった可能性が高い。」（前掲　坂の上の雲の真実）
ことほどさように、軍の正式機関が作成する戦史といえども、その内容には疑問符がつけられるほど怪しい点がある、という証左である。
また、旅順攻撃の際、児玉が承知でやむなくおこなった「参謀が野戦軍を直接指揮する」、といった例が悪用されることとなった。昭和に入ると参謀が司令官を差し置いて軍を指揮する、というケースがまま生じたのである。太平洋戦争時における参謀辻政信の例などその典型である。これによって指揮命令系統は混乱をきたす結果となった。

次に、モルトケ、メッケル直伝の先制奇襲攻撃である。日清、日露戦争で先制攻撃をかけ、勝利を収めた日本軍は、太平洋戦争でも真珠湾攻撃で悪名を轟かすこととなった。

この点については、「前掲　坂の上の雲の真実」に詳細に記述されている。

さらには、統帥権の独立による参謀本部の強大な権限増大である。日露戦争の頃までは児玉源太郎ら有能で常識に富んだ軍人が、参謀本部独走を抑えていた。また、大山参謀総長、田村次長らは作戦、戦略の樹立、といった参謀本部本来の業務遂行に徹し、政治には介入しなかった。

それが、日露戦争後、山縣、桂、寺内、田中義一といった軍人が政治に容喙し、「陸海軍大臣は現役であらねばならない。」という陸海軍大臣現役制度を確立した。陸海軍大臣の任命権を事実上、内閣から奪うことにより完全にシビリアン・コントロールは崩壊した。それは政党にも大きな責任がある。大正時代、デモクラシーの波が沸き起こり、自由な雰囲気が生まれるか、とも思われたが、政治を担うべき政党自体が政争に明け暮れ、腐敗堕落したからである。

昭和に入るとついには軍人が政治の主導権を握り、相次いで首相に就任するなど、軍部独裁への道を突き進むこととなる。

軍人が政治に介入し、政党政治を崩壊させる原因をつくった最初の男は山縣有朋である。彼は「自分は一介の武弁である」、などと政治に興味がないようなことを常に語っていたが、実際には大違いで、軍部、地方行政、さらには枢密院にまで勢力を浸透させ、自派閥形成にこれ努めたのである。山縣の性格を最も上手に形容した文があるので、長くなるが引用してみると、

「少数独裁者のなかには、国にとってまったく有害な人たちもいた。政治の健全性を失わせた悪人

を私が一人だけ挙げるとすれば、山縣有朋を挙げたい。彼はまったくよこしまな人物で、何ともいわれのない不安を抱いていた性格に問題がある人物であった。—中略—山縣は、政治における代議制という考えそれ自体を非常に嫌悪し、選挙で選ばれた政治家が日本の官僚制を決して掌握できないように、一連の複雑なルールをつくった。近代日本にとって、山縣が　近代官僚制の父　であり、陸軍の父　であったことは最大の不運であった。そのうえ、彼が長生きしたのも不運だった。」（ウオルフレン　人間を幸福にしないシステム　前掲　石原莞爾独走す　花輪莞爾著）

その軍部においても、派閥抗争が激しさを増し、参謀本部が強大化したが、参謀総長には、雲集する参謀達をコントロールできる大山、児玉のような大人物は、ついぞ第二次世界大戦終結まで現れなかった。

そのため、作戦課長といった中堅将校クラスが実権を握り、参謀総長の命令を無視するようになった。それは指揮命令系統を混乱させ、組織で動く軍の弱体化を招くことになった。

また、統帥権の独立については、陸軍だけの専売特許ではない。海軍においても、一九三〇年（昭和五年）ロンドン海軍軍縮条約の批准を巡って、大局的見地からアメリカ、イギリス、日本、フランス、イタリア五大国の軍艦保有率に賛成した全権の加藤友三郎（のち首相）の意見に、随行の軍令部次長加藤寛治が強硬に反対した。

それをすでに海軍を引退し、軍事顧問官となっていた東郷平八郎が加藤寛治を支持し、「統帥権干犯」だとして政府を激しく非難し、大事件となった。日本海大海戦の英雄で、神格化されていた東郷だけに影響もまた甚大であった。政治には介入しないことを美徳とされてきた東郷平八郎も、この事件でミソをつけたといわれる。これもシビリアン・コントロール崩壊の大きな要因となったのである。

そして昭和陸軍の最大の欠陥は、科学性、効率性、合理性を重んじた明治陸海軍と異なり、世界の軍事技術が大きく進展しているにもかかわらず、精神主義が跋扈し、軍備近代化・機械化の大幅な立ち後れとなったことである。

明治海軍の創設者といわれる山本権兵衛は、日清戦争を前に戊辰戦争以来の論功行賞で功なり名を遂げた薩摩を始めとする老朽の将官を解雇し、戦略や近代艦隊運用技術を身につけた海軍兵学校出身の若手将校を抜擢した。彼らは世界の最先端をいく近代艦隊を自由に操艦し、日露海戦を勝利に導いたのである。

それに反して、「神国日本」を国民に信じこまさせ、銚子沖に竹槍を並べてアメリカ艦隊を迎え撃つ、といったアナクロリズムもいいところの精神主義こそ、昭和の政治、経済、軍事を誤らせた諸悪の根源であった。

また、科学性を重んずる筈の海軍においても、すでに時代遅れとなった大艦巨砲主義に固執するなど、精神主義が幅をきかす軍制に陥っていたのである。

一八　ドイツ政体、軍制模倣の成果と欠陥

参謀本部と海軍軍令部の確執

日本陸海軍の軍制を論ずる上で、見落としてはならない最大の欠陥は、陸海軍を統合する強力な統一組織がなかったことである。大本営は開戦時に設置される機関で、平時にはおかれていない。それも陸主海従である。

この軍令機関統一化が、イギリス、アメリカのようになされなかった要因は、シビリアン・コントロールの欠如にある。また、明治政府成立時に果たした役割は、内戦という性格上、陸軍が強くありすぎた。最初から陸主海従という思想が強すぎたのである。

陸軍では明治一一年、山縣が参謀本部を設立した。これに対し、一三年、海軍卿川村純義は海軍も陸軍と同一の軍制とし、海軍参謀本部を設置すべきであると提言した。

これに対し山縣は「陸軍は主であり、海軍は従であるから同じように参謀本部を置いたら、軍議が分かれて戦略樹立が困難になる。」といって海軍に軍令機関は不要とした。

これも山縣らが、余りにモルトケという偉大な参謀総長率いるドイツ参謀本部に傾注し過ぎたことと山縣の権力欲が強すぎた結果である。

それでも一時は、駐英公使館付武官黒岡帯刀の提言により、陸海共同の権限をもつ統合参謀本部を設立すべきである、という案が出された。が、これも山縣、桂の猛反対により、一時頓挫しかける。それでも明治一九年三月、ついに設置が実現した。

その機構は有栖川宮を本部長とし、曽我と仁礼を陸海の参謀次長として並列させる。陸軍部は各監軍部・近衛・各鎮台参謀部及び陸大を統括し、海軍部は各鎮守府・各艦隊参謀部を統括する、という内容である。

ところが同二一年と二二年の参謀本部条例により、海軍は海軍参謀部として海軍省管轄下に入ることとされてしまった。それがやがて海軍も海軍軍令部を設置し、海軍省から独立するのである。以来、陸海の軍令機関は一体化することはなかった。

それでも日清戦争は、伊藤首相の指導する政戦略作戦によって陸海共同作戦を遂行することができたし、日露戦争も大山、児玉が強気の山本海相と協調することによって、何とか海陸一致の作戦が実現した。日露戦争までは、政界、陸海軍ともに強力な指導者層が最高意志決定をおこなっていけたのである。

それが昭和に入ると、陸海軍とも強烈なリーダーシップをとれるような人材が払底しており、国家としての意思統一はできなかった。最初陸軍としては、まずはソ連を攻撃し、打撃を与えておいて、それから英米決戦に主力を置く、という作戦であった。

それが始めから米英を主敵とする海軍側との調製がつかず、石原構想では、本来は提携相手とすべきであった中国をも敵とすることになり、混乱のまま日中の泥沼戦争に引きずり込まれ、結局は米、英、蘭、ソ、中を相手とする勝算もない無謀な戦争に突入していったのである。

その要因は、戦争が開始されてからでさえ、軍政、作戦機構が変転するなど確たる組織機構が作れなかったことも大きな誤りであった。要するに国家としての戦略が構築できなかったのである。

惜しむべきはこの時点で、陸海を統合する機関を存続しておけば、太平洋戦争時にまで尾を引く陸海軍令の激しい抗争による混乱は避けられたのである。

ドイツ主義への過度な傾注

ドイツは建国以来、プロイセンの伝統を受け継ぎ、皇帝を中心とした立憲君主制の政体と、軍国主義の傾向が強い国家である。プロイセンは、一七〇一年にフリードリッヒ・ウイルヘルム軍人王が戴冠式をあげて以来、「国家の軍隊」ではなく、「軍隊の国家」といわれた。

プロイセンが置かれた国際環境からすれば、ある意味ではやむを得ないことでもあった。小国プロイセンは、周囲をフランス、オーストリア、ロシアといった強国に挟まれて、常に国境を脅かされており、軍隊を強くする以外に生き残る方途はなかったのである。

それを宰相ビスマルクはドイツ統一を成し遂げて以来、巧みな外交戦略をもって、強国となったドイツを孤立化させないように、万全の手を打ってきた。

それがドイツは、ビスマルク失脚以後、帝国主義競争で後発の不利を克服するため、余りにも急激な軍備拡張をおこない、外交をないがしろにし、列強と摩擦を起こし過ぎた。

日本と同じく、ドイツにもその後政界ではビスマルク及び、軍ではモルトケといったすぐれた人材が輩出されなかった。それでも国家としては、石炭、鉄鋼等の生産額、工業製品出荷額及び海運力をバックとする製品輸出額などにおいて老大国イギリスを抜き去り、アメリカと肩を並べる世界有数の強国に成長したのである。この間の主要国の国力比較では

鉄鋼生産額をみると、

一八九〇年では	米	九・三	英	八・〇	独	四・一	日	〇・〇二
一九一三年	米	三一・八	英	七・七	独	一七・六	日	〇・二五
一九三〇年	米	四一 三	英	七・四	独	一一・三	日	二・三

工業力比較では

一八八〇年	米	四六・九	英	七三・三	独	二七・四	日	七・六
一九〇〇年	米	一二七・八	英	一〇〇	独	七一・二	日	一三
一九一三年	米	二九八・一	英	一二七・二	独	一三七・七	日	二五・一
一九二八年	米	五三三	英	一三五	独	一五八	日	四五

その結果、自国の力を過信したドイツは周辺諸国と融和を図ることなく、危険な冒険主義に奔っていった。

明治政府樹立以来、日本は政治、軍事など余りにもドイツを模倣し過ぎた。新国家建設の段階においては、効率の良さ、合理性で機能していた中央集権体制と軍の機構も、昭和に入るとすでに時代遅れとなっていたのである。

その体質を日本があまりにも模倣し過ぎたために、「富国」よりも「強兵」に重点を置きすぎた。特に日本は、ドイツには及びもつかないほど工業力では劣っていたから、「国民貧しくして国家栄える」という好ましくない結果を生んでしまったのである。

イギリスとドイツの相違

日本が開国以来、大きな影響を受けてきたイギリスは、成熟した国家体制を樹立してからジェントルマンの国、とみられてきたが、実際には一七世紀以来、帝国主義の先兵となり列強とともに、植民地獲得にしのぎを削ってきた国である。イギリスの繁栄は海外の植民地から収奪した富によって支えられてきた。

それが途中から、長い国際経験の中から学んだ知恵と国際法を確立することにより、よくいえば穏健な、悪くいえばずる賢い外交戦略によって国際社会で強い批判を受けない体制を確立した。

また、国内の政治体制では、議会制民主主義のシステムを確立することによって、政治に市民各層の意見を反映させることで政治、軍事の独裁化を防ぐことができたのである。

イギリス国王は「君臨すれども統治せず」を国是とし、保守党と自由党の巧みな政権交代を続けることによって一党独裁の弊害に陥ることなく、安定した政治体制を築いてきた。

それにイギリスは、帝国主義政策をとりながらも、政府の管轄下に軍部を押さえ込み、終始一貫してシビリアン・コントロールの原則を貫き通すことができた。

イギリスのシビリアン・コントロールの例をあげると、イギリスには帝国防衛委員会という制度が確立されており、ここで国防全体に関する審議をおこなう。常任委員は首相、枢密院議長、陸海相、陸軍総司令官、海軍第一委員、陸海軍情報部長で構成されている。

この委員会で内閣が軍事方針を決定するが、政戦略の調製についてもここで文武官によりおこなわれるのである。そして最終決定は内閣がおこなう、というシステムである。

これは産業革命以来、新知識階層が力を蓄え、議会主義の伝統とともに、歴代、有能な宰相が政権を握り、軍人の台頭を許さなかったからでもある。

この点が、同じ帝国主義政策をとりながらも、イギリスはドイツのように世界の非難を浴び、孤立化することなく、国力を徐々に落としながらも、常に世界政治の表舞台に立ち続けることができた要因である。

歴史に「もし」はないが、仮に明治日本がドイツに傾注し過ぎることなく、明治初期に引き続き、イギリス流の政治制度を採り入れていたならば、その後の国際社会における展開は異なった方向に向かっていたかも知れない。

あとがき

中世までは、西欧諸国にそれほど遜色なく科学技術、軍事機構、文化の面でも発展を続けてきた日本であった。それが徳川幕府による鎖国政策によって、三〇〇年の泰平の世を謳歌することができたが、反面では海外との交流を途絶させたがために、海外諸国と切磋琢磨する機会と努力を忘れた。そのツケは大きかった。近世に入ると政治制度では、西欧諸国がいち早く分裂状態にあった封建制社会から脱皮し、近代統治システムとしての中央集権国家体制を樹立していったからである。

帝国主義全盛期の食うか食われるかの弱肉強食の社会にあっては、封建性権力分散国家では列強の争いに伍して生き抜いていくことはできない。強力な国家指導体制が必要となってくる。

そして、政治面では国民の総意を反映できる議会制度の発足を必要とする。行政と軍隊との完全な分離による国民皆兵制度創設は、ヨーロッパ、特に西欧諸国を世界の列強に育て上げる要因となった。

この意味では、遅ればせながら封建制度の名残を引きずる、有力諸侯による「雄藩連合政権」では日本の近代化はおぼつかなかったであろう。政治体制を根本から一新した明治政府の中央集権体制樹立は、この時点では成功であった。

欠陥はその後、世界の時代の潮流が、中央集権国家から民主主義体制へと転換しているにもかかわらず、日本と、その模範としたドイツが時代の波に乗り遅れたことにある。

国家の歴史には停滞と進歩の時期とがある。日本においても、明治政府成立時には財政難と政治の混乱、うち続く内乱がありながら、国家としては清新と活力ある気風に溢れていた。

それが昭和初期になると、世界の大国となりながら、「軍隊あっての国家」となり、国民の生活状態は貧窮を極めてくる。国民の生活も、軍事予算の膨大な増加により産業活動は停滞し、世間は不況の波に覆われ、「大学は出たけれど」という世相に反映される暗い時代に突入する。

それが農民の生活実態を良く知る農村出身の少壮軍人に危機感を抱かせ、五・一五事件や二・二六事件を誘発する要因となった。

戦後、日本は世界を相手とした無謀な戦争に敗れ、国民は塗炭の苦しみを味わうこととなった。それでも、戦後の明るい歌や、小説「青い山脈」に代表されるような明るい雰囲気が日本中を覆った。貧窮に苦しみながらも国民は平和の有り難さを満喫した。

やがて日本は、朝鮮特需を境に高度経済成長路線をひた走るが、今度は経済至上主義に陥り、公害という問題を引き起こした。

それでもこの時代が日本にとって、政治、経済、軍事面において最もバランスのとれた時代ではなかったか。全国各地における革新自治体の登場、政治のバランス、社会保障制度の充実、軍備の抑制、経済の活況など政策のバランスがとれていたのである。

それが崩れてきたのは、異常な「バブル景気」の発生と崩壊、その後における「失われた一〇年」の今日である。

経済は長期にわたって停滞し、福祉、医療、年金など社会保障制度は後退を続け、海外派兵容認など再び軍国化への道を歩もうとしている。国家財政においてもしかりである。国、地方自治体総額の債務は七〇〇兆円に達し、返済の見通しはない。

また、リストラにより国民生活は脅かされ、失業者は増大し、雇用と年金崩壊など、将来の生活に不安を感じる比率は高まる一方となっている。

その結果、国民にはかっての活気は失われ、労組は勢いをなくして国民総保守化が進展し、小泉内閣の「構造改革路線」も弱者に犠牲を強いるのみで、弱肉強食の時代に逆戻りしようとしている。

「歴史とは、過去の事柄、事象を調べるだけでなく、それを如何に現代社会に活かすか、その知恵を学ぶことが課題である、」というが、日本が今後どのような道を歩むか。

我々は一九世紀までの弱肉強食の時代に逆戻りしてはならない。また、二〇世紀の世界戦争の愚を再現してはならない。今こそ我々国民は歴史の教訓に学ぶべき時である。

末筆ながら本書刊行にあたり、御指導をいただいた歴史作家今川徳三先生と叢文社の伊藤太文氏に深甚なる感謝を捧げます。

主な参考文献

強国論　DSランデス著　竹中平蔵訳　三笠書房
日本とイギリス　交流の四〇〇年　宮永　孝著　山川出版社
政事家　大久保利通　雄藩会議への期待　勝田政治著　講談社選書メチエ
ヨーロッパ一〇〇年史　ジエイムス・ジヨル　池田清訳　みすず書房
私の明治維新　徳川慶喜のプラン　大君の下に行政・立法府　田中彰著　朝日新聞
岩波講座　日本通史　第一七巻　近代天皇像の展開　飛鳥井雅道著　岩波書店
特命全権大使米欧回覧実記　久米邦武編集　岩波文庫　田中彰校訂
岩倉使節団米欧回覧実記　田中彰著　中公新書
岩倉使節団の歴史的研究　北大教授　田中彰著
知謀の人　田村怡与造　篠原昌人著　光人社
日露戦争陰の主役　田村怡与造伝　相澤邦衛著　山梨ふるさと文庫
ドイツを読めば日本が見える　加来耕三著　二見書房
日本海軍史　第一巻通史一，二編　第三章帝国海軍の創設　お雇い外国人　篠原宏著

財団法人日本歴史保存会　田中宏巳著　同
同
近代ドイツ史　一　ゴローマン著　上原和男訳　みすず書房
クラウゼビッツ「戦争論」の誕生」　ピーター・パレット著　白須英子訳　中央公論社
日本人とイギリス―問いかけの軌跡　今井宏著　筑摩書房
参謀総長モルトケ　大橋武夫著　マネージメント社
プロイセンの歴史　セバスチャン・ハフナー著　川口由紀子訳　東洋書林
参謀本部と陸軍大学校　黒野　耐著　講談社新書
坂の上の雲の真実　菊池慎典著　光人社
石原莞爾独走す　花輪莞爾著　新潮社　ウオルフレン　人間を幸福にしないシステム
世界近代史上　上海師範大学「世界近代史　編者組編　川越敏孝訳　石田米子解題　東方書店
世界史としての日露戦争　大江志乃夫著　立風書房
ドイツ参謀本部興亡史　ヴエルターゲルリック　守屋純訳　学習研究社
ドイツ史十項　坂井栄八郎著
遠い崖一〇大分裂　萩原延寿　朝日選書
海軍経営者山本権兵衛　千早正隆著　プレジデント社
詳説　日本史研究　五味文彦　山川出版
独乙平原　鉄血宰相ビスマルクの革命　前田靖一　叢文社

著者略歴

相澤　邦衛（あいざわくにもり）
昭和16年12月　東京都文京区に生まれる
昭和19年５月　山梨県塩山市に移住
昭和39年３月　國學院大學文学部史学科卒業
昭和39年４月　甲府市役所入所
　　　　　　　甲府市立図書館長等を経る
平成14年３月　甲府市役所を定年退職
現在　同人誌「文学と歴史」「甲斐が嶺」同人。「山梨文芸協会」山人会等会員
主な著書　日露戦争陰の主役「田村怡与造伝」平成16年度第18回中村星湖文学賞受賞。「萩紀行」など

明治日本の創造と選択

発　行　二〇〇四年一一月一五日　第一刷

著　者／相澤　邦衛
発行人／伊藤　太文
発行所／株式会社叢文社
東京都文京区春日二―一〇―一五
〒一一二―〇〇〇三
電　話　〇三（三八一五）四〇〇一
ＦＡＸ　〇三（三八一五）四〇〇二

印刷・製本／㈲キンダイ

定価はカバーに表示してあります。
乱丁・落丁についてはお取り替え致します。

ISBN 4-7947-0506-9 C0021